외우라고
했지만
왜?
라고 했다

외우라고 했지만 왜?라고 했다

1판 인쇄 2026년 1월 10일
1판 발행 2026년 1월 20일

지은이 배진시
펴낸이 홍정수
펴낸곳 탐구당

출판등록 1950. 11. 1 서울 제 03-00993호
주소 10592 경기도 고양시 덕양구 삼송로 238, 301-1019
전화 (02)3785-2211~2
팩스 (02)6003-0227
E-mail tamgudang@paran.com | http://www.tamgudang.co.kr

값 17,800원

ISBN 978-89-6499-083-4 (43170)

논술과 토론에 강해지는
바칼로레아 철학토론서

외우라고 했지만 왜? 라고 했다

배진시 지음

탐구당

머릿글

"나는 누구인가?" "왜 그렇게 생각해?" "그것은 진실일까?"

이 질문들은 독서토론의 현장에서 자주 듣게 되는 말입니다. 혼자 책을 읽을 때는 그냥 넘겼을 문장도, 함께 읽고 이야기하는 과정에서 다시 눈에 들어오고, 다시 생각하게 됩니다. 나의 생각을 말로 꺼내고, 친구의 생각을 듣고 나면, 처음에는 명확하다고 여겼던 나의 생각조차 흔들리기도 합니다. 그러나 바로 그 순간이, 생각이 자라고 깊어지는 순간입니다.

이 책은 청소년 독서토론을 위해 단순히 책을 읽는 데 그치지 않고, 생각하는 힘과 말하는 용기, 그리고 함께 대화하는 즐거움을 키울 수 있도록 구성했습니다. 철학, 문학, 사회, 과학 등 다양한 분야의 질문을 중심으로, 스스로 사고하고 표현하는 능력을 기를 수 있는 활동들을 담았습니다.

특히 이 교재는 토론을 위한 안내서인 동시에, 자기 성찰을 위한 질문서입니다. 책 속 질문들은 정답을 찾기 위한 것이 아니라, 나의 삶과 연결 지으며 스스로 답을 만들어가게 도와주는 징검다리입니다. 누구나 자신만의 시선으로 세상을 바라보고, 그 시선의 차이를 존중하며 대화할 수 있어야 합니다. 이것이 독서토론의 핵심이자, 나다움이 무엇인지 이해하는 첫걸음이기도 합니다.

청소년 시기는 생각이 자라고, 자기만의 언어를 만들어가는 시기입니다. 이 교재가 여러분의 질문을 더 깊게 만들고, 여러분의 말에 더 단단한 뿌리를 내려줄 수 있기를 바랍니다. 그리고 무엇보다, 책을 매개로 또래 친구들과 마주 앉아 나누는 대화가 즐겁고 소중한 시간이 되기를 기대합니다.

몽테뉴 인문학 연구소
배진시

차례

3. 노동과 기술

1

진리와 인식

1

모든 진리는 최종적인가?

토머스 쿤

우리는 일상 속에서 '진리'라는 단어를 자주 마주한다. 그러나 진리란 과연 무엇일까? 이번 학습에서는 진리의 본질이 무엇인지 깊이 탐구하고, 그것이 고정된 것인지 아니면 변할 수 있는 것인지에 대해 생각해보고자 한다. 과학적 진리, 도덕적 진리, 역사적 진리와 같이 다양한 종류의 진리는 과연 최종적이며 절대적인 것일까? 아니면 새로운 발견이나 생각이 등장할 때마다 그 의미와 내용이 달라질 수 있을까? 이러한 질문을 통해 우리는 진리를 결정하는 기준과 그 주체가 누구인지도 함께 비판적으로 살펴볼 것이다. 이 과정을 통해 진리에 대한 고정된 시각에서 벗어나, 보다 유연하고 깊이 있는 사고를 기를 수 있을 것이다.

오늘의 철학자
토머스 쿤(Thomas Kuhn, 1922–1996)

토머스 쿤은 누구인가?

그는 미국의 과학 철학자로서, 과학 이론의 발전이 단순한 지식의 축적을 통해 이루어지는 것이 아니라, 근본적인 인식의 틀, 즉 '패러다임(paradigm)'의 전환을 통해 이루어진다고 주장한 인물이다. 그는 특히 1962년에 출간한 대표 저서 『과학 혁명의 구조(The Structure of Scientific Revolutions)』를 통해 현대 과학 철학에 지대한 영향을 끼쳤다.

이 책에서 그는 다음과 같이 말한다:

> 과학의 진리는 절대적인 것이 아니라, 시대마다 받아들여지는 틀(패러다임) 속에서 정해지는 것이며 하나의 패러다임이 작동하지 않으면, 새로운 관점이 등장해 기존의 진리를 뒤집는다. ― 이것이 바로 '과학 혁명'이다.

1. "과학은 진리를 쌓아가는 것이 아니라, 생각의 틀을 바꾸면서 발전한다."

   진리는 그대로 있는 것이 아니라, 우리가 보는 방식이 달라질 때 바뀐다.

2. "과학적 진리는 그것이 대체되기 전까지 진리일 뿐이다."

   과학이 말하는 진리도 시간이 지나면 틀릴 수 있다.

한 걸음 더

예전에는 사람들은 지구가 평평하다고 믿었지만, 이제 우리는 지구가 둥글다는 사실을 알고 있다. 또한 과거에는 태양이 지구 주위를 돈다고 생각했으나, 지금은 지구가 태양 주위를 돈다는 것을 안다. 이처럼 인류의 인식은 시대에 따라 변하며, 진리라고 여겨졌던 것도 시간이 지나면서 달라질 수 있음을 보여준다.

토론 질문

1. 과학은 진리를 가장 잘 설명해 주는 예가 될 수 있는가? 그렇다면 감정이나 정의(정의로움)는 어떻게 보아야 하는가?

2. 어떤 진리는 사람마다 다르게 받아들여질 수 있을까?

3. 과거에 진리라고 믿었던 것이 있었으나, 나중에 생각이 바뀌었던

경험이 있는가? 그렇다면 그것은 진리가 바뀐 것인가, 아니면 생

각이 바뀐 것인가?

4. 절대 변하지 않는 진리는 존재하는가? 존재한다면, 그 예로 무엇

을 들 수 있을까?

1번 길잡이 글

> **과학은 진리를 가장 잘 설명해주는 예가 될 수 있는가? 그렇**
> **다면 감정이나 정의(정의로움)는 어떻게 보아야 하는가?**

현대 사회에서 우리는 '진리'라는 단어를 자주 접한다. 뉴스의 사실 여부, 정책의 타당성, 어떤 가치의 정당성을 판단할 때 우리는 모두 '무엇이 참인가?'를 묻는다. 그럴 때 많은 사람은 과학을 가장 믿을 만한 기준으로 여긴다. 실제로 과학은 수많은 진보를 이뤄내며, 인간의 삶을 근본적으로 바꾸어왔다. 하지만 과학만이 진리를 말해주는 유일한 방식일까? 감정이나 정의와 같은 요소들은 진리와 무관한 것일까?

과학은 자연 현상을 관찰하고, 가설을 세우고, 실험을 통해 검증한 뒤, 이를 바탕으로 이론을 수립하는 방식으로

발전해왔다. 이런 과정은 반복 가능성과 객관성을 바탕으로 '누구에게나 동일하게 적용되는 진리'를 찾는 것을 목표로 한다. 예를 들어, 뉴턴은 만유인력 법칙을 통해 지상의 사과와 하늘의 별이 같은 원리로 움직인다는 것을 밝혔고, 아인슈타인은 상대성 이론으로 시간과 공간의 개념을 혁신했다. 이런 과학적 발견은 단지 이론에 그치지 않고, 우리의 삶과 세계관 자체를 바꾸는 힘이 있다.

그러나 과학이 다룰 수 있는 세계는 '측정 가능하고 재현 가능한 세계'에 한정된다. 인간의 감정, 도덕적 판단, 예술의 아름다움, 삶의 의미와 같은 문제는 과학적으로 수치화하거나 실험으로 증명하기 어렵다. 예를 들어, 슬픔이나 기쁨은 뇌 속 화학물질의 작용으로 어느 정도 설명될 수 있지만, 그 감정이 '어떻게 느껴지는가'에 대한 내면적 경험은 과학으로 포착할 수 없다. 마찬가지로 정의(정의로움)의 문제도 단순한 데이터 분석이나 실험으로 정답을 찾을 수 없다. 어떤 제도가 정의로운가는 시대, 문화, 개인의 가치관에 따라 다르기 때문이다.

임마누엘 칸트는 과학이 '세상이 어떻게 작동하는가'를 설명한다면, 도덕은 '우리는 어떻게 살아야 하는가'를 묻는다고 했다. 그는 진정한 도덕은 이성에서 나오며, 경험적 지식과는 다른 차원의 명령이라고 보았다. 다시 말해, 과학과 도덕은 모두 '진리'를 다루지만, 서로 다른 영역과 방법으로 접근한다.

이처럼 진리는 단일하지 않다. 과학적 진리, 도덕적 진리, 존재론적 진리는 각각의 방식으로 인간 삶의 일부를 밝힌다. 과학은 보편적이고 객관적인 법칙을 통해 자연을 설명하지만, 도덕은 선과 악, 정의와 불의에 대한 판단을 통해 사회를 이끌어가고, 예술과 철학은 인간 존재의 의미와 목적을 탐구한다.

그렇다면 감정과 정의는 진리와는 무관한 것일까? 결코 그렇지 않다. 감정은 인간이 어떤 존재인지, 어떻게 세상을 체험하는지를 말해주는 중요한 통로다. 감정이 없다면 고통을 피하거나 기쁨을 추구할 이유도 사라진다. 정의 역시 단순한 의견이 아니라 사회를 구성하고 유지하는 핵심 가치다. 정의로운 사회는 단순히 효율적인 사회가 아니라, 신뢰와 공정을 바탕으로 한 공동체다. 루소는 "인간은 자유롭게 태어났지만 어디에서나 사슬에 묶여 있다"고 했고, 정의는 바로 이 사슬을 풀기 위한 윤리적 기준이다.

결국 과학은 진리를 탐구하는 데 있어 필수적인 도구이며, 자연 세계에 대한 우리의 이해를 깊게 한다. 하지만 인간은 자연만으로 구성된 존재가 아니기에, 감정이나 도덕, 존재의 문제를 함께 사유하지 않는다면 진정한 '진리'에 다가가기 어렵다. 과학이 '어떻게'에 대한 답을 준다면, 감정과 윤리는 '왜'에 대한 답을 찾는 방식이다.

따라서 우리는 과학의 진리를 존중하면서도, 감정, 정의, 예술, 철학이 말하는 다른 형태의 진리에도 귀 기울여야 한다. 그런 다양한 진리의 조화 속에서 우리는 더 온전하고 의미 있는 삶을 살아갈 수 있을 것이다.

핵심 정리

어떤 진리는 시간과 상황에 따라 변할 수 있다. 과학적 지식이나 믿음처럼 새로운 발견이나 변화된 관점에 의해 수정되기도 한다. 반면에 2 + 2 = 4처럼 변하지 않고 안정적이며 보편적으로 보이는 진리도 있다. 결국 진리를 생각한다는 것은 '우리가 어떻게 알게 되었는가'와 '왜 그것을 믿는가'를 함께 고민하는 일이다.

2

이성은 모든 것을 설명할 수 있는가?

블레즈 파스칼

우리는 이성을 통해 세상을 이해하고 문제를 해결하려 한다. 하지만 감정, 신앙, 예술처럼 이성만으로는 설명하기 어려운 영역도 분명히 존재한다. 과연 이성은 세상의 모든 것을 설명할 수 있을까? 이성을 사용하는 방식과 그 한계를 탐구하며, 이성 외에도 진리를 이해하는 다양한 방법이 있다는 점을 고민해 본다. 논리적 설명이 항상 필요한지, 때로는 직관이나 믿음이 더 중요한지도 생각해볼 문제다. 이번 챕터는 우리가 의지하는 이성의 힘과 한계를 비판적으로 성찰하는 시간이다.

오늘의 철학자

블레즈 파스칼(Blaise Pascal, 1623–1662)

블레즈 파스칼은 누구인가?

파스칼은 17세기 프랑스의 천재 수학자이자 철학자였다.

그는 이성의 중요성을 인정했지만, 이성이 닿지 못하는 영역이 있다고 주장했다. 특히 믿음, 감정, 인간의 마음은 이성만으로는 설명할 수 없다고 했다.

파스칼의 명언

1. "마음에는 이성이 알지 못하는 이유가 있다."

   우리의 감정과 직관은 때때로 논리보다 강하다.

2. "인간은 이성과 마음, 두 가지로 진리를 알아야 한다."

   머리로만 생각하지 말고, 마음으로도 느껴야 한다.

3. "이성의 마지막 단계는 이성이 이해하지 못하는 것이 존재한다는 것을 인정하는 것이다."

   진짜 지혜는 이성의 한계를 아는 것이다.

사랑하는 이유를 설명할 수 있을까? 이성만으로는 다 설명하기 어렵다. 꿈이나 시, 예술 작품 역시 단순한 논리로만 이해하기는 쉽지 않다. 왜 인간이 존재하는지, 죽음 이후에는 무엇이 있는지와 같은 질문은 과학조차도 명확한 답을 내리기 어렵다.

토론 질문

1. 이성으로 사랑, 우정, 두려움, 신앙을 다 이해할 수 있을까?
2. 모든 것을 말이나 숫자로 설명할 수 있을까?
3. 말로 설명할 수 없는 감정을 느낀 적 있는가?
4. 이해하지 못하면 믿을 수 없다는 말에 동의하는가?

1번 길잡이 글

이성으로 사랑, 우정, 두려움, 신앙을 다 이해할 수 있을까?

우리는 삶 속에서 사랑하고, 친구를 사귀며, 두려움을 느끼고, 신앙을 품는다. 이 모든 것은 인간의 감정과 삶의 깊은 차원을 형성한다. 그런데 문득 이런 생각이 든다. 이성만으로 이러한 것들을 이해할 수 있을까? 다시 말해, 논리와 분석, 합리적 사고만으로 우리는 사랑이나 우정, 두려움, 신앙의 본질을 설명하고 납득할 수 있을까?

이성은 인간의 중요한 인식 능력이다. 이유를 따지고, 원인을 분석하며, 결과를 예측하고, 규칙을 찾아내는 힘이다. 인류는 이성을 통해 과학을 만들고 법과 제도를 정비했으며, 윤리와 도덕을 정립해왔다. 그래서 많은 사람은 이성을 인간의 가장 고귀한 능력이라 여긴다. 그렇지만 사랑 같은 감정이나 신앙 같은 믿음도 정말 이성으로만 설명할 수 있을까?

사랑은 종종 이성과 충돌하는 감정으로 여겨진다. 우리는 때로 설명할 수 없는 이유로 누군가를 사랑하게 되고, 때로는 이성적으로 맞지 않는 사람에게 마음을 주기도 한다. 생물학자들은 사랑을 도파민, 옥시토신 같은 호르몬의 작용으로 설명하고, 진화심리학자들은 유전자의 생존 전략으로 본다. 물론 이런 설명들은 일정 부분 맞지만, 실제 사랑의 깊이와 의미를 온전히 설명해주지는 않는다. 사랑은 상대와의 교감, 함께한 시간, 기억, 기쁨과 상처의 축적 속에서 자라난다. 이성은 사랑을 분석할 수는 있지만, 사랑이 왜 그렇게 아프고 아름다운지까지는 말해주지 못한다.

우정도 마찬가지다. 친구를 사귀는 이유는 이성적으로 설명 가능할지 몰라도, 오랜 우정에서 비롯되는 신뢰, 서로를 이해하지 않아도 편안한 느낌, 말없이 함께 있어도 괜찮은 시간의 가치는 논리나 조건으로 따질 수 없다. 우리는 친구를 선택하지 않고, 자연스럽게 관계 속에서 친구가 되며, 어떤 경우에는 논리적으로는 이해할 수 없는 관계에서도 깊은 우정을 느낀다.

두려움은 좀 더 복합적이다. 뱀이나 어두운 길을 무서워하는 것은 생존 본능에 가까운 이성적 반응일 수 있다. 하지만 인간이 느끼는 두려움의 많은 부분은 '막연한 불안'에서 비롯된다. 미래에 대한 불확실성, 실패에 대한 공포, 인간관계에서 오는 상처에 대한 두려움, 나아가 죽음에 대한 공포는 이성으로 분석한다고 해서 사라지지 않는다. 이성은 "걱정할 필요 없다"고 말할 수 있지만, 정작 감정은 그 말을 따르지 않는다. 두려움은 인간이 자신의 유한성과 마주할 때 드러나는 본질적인 감정이며, 이성은 이를 조절하고 관리하는 데 도움을 줄 수는 있어도 그 뿌리까지 이해하기란 쉽지 않다.

신앙은 더욱 이성의 경계를 시험하는 영역이다. 신앙이란 눈에 보이지 않는 존재, 즉 신이나 절대자, 혹은 어떤 궁극적인 가치에 대한 믿음이다. 많은 종교는 이 세상 너머의 존재나 힘을 믿고, 인간의 이성으로는 다 이해할 수 없는 신비를 전제로 한다. 어떤 이들은 이를 미신이라 부르며 비판하기도 하지만, 신앙을 가진 이들에게는 오히려 그 신비함과 설명할 수 없음이 믿음의 근거가 된다. 파스칼은 "마음에는 마음만이 아는 이치가 있다"고 했고, 키르케고르는 "신앙은 이성의 도약"이라고 말했다. 이는 이성이 닿지 않는 곳에서 비로소 신앙이 시작된다는 뜻이다.

하지만 그렇다고 신앙이 이성과 무관한 것은 아니다. 중세 철학자 토마스 아퀴나스는 신앙과 이성은 서로 충돌하지 않으며, 오히려 진리를 향한 두 개의 길이라고 말했다. 이성은 신을 이해하려는 노력이며, 신앙은 그 너머를 믿는 용기다. 결국, 신앙도 어느 정도 이성의 사고를 통해 성장하고 성찰된다. 단, 신앙의 본질은 이성의 논리보다는 신뢰와 내면의 확신에 더 가깝다.

이처럼 사랑, 우정, 두려움, 신앙은 이성으로 어느 정도 설명할 수 있지만, 그 본질을 온전히 담아내기에는 이성만으로는 부족하다. 인간은 이성적인 동시에 감정적인 존재이며, 이해와 설명을 추구하면서도 믿고 느끼는 존재다. 우리는 이성과 감정, 사고와 직관, 분석과 신뢰 사이에서 균형을 잡으며 살아간다. 그러므로 이성은 사랑이나 신앙, 두려움을 이해하는 데 필요한 도구이지만, 전부는 아니다. 때로는 이성 너머에서 비로소 진짜 이해가 시작되기도 한다.

결국, 인간다움이란 이성과 감성, 설명될 수 있는 것과 설명되지 않는 것을 함께 껴안는 능력일지도 모른다. 우리는 이해하려 애쓰고, 설명되지 않는 것을 받아들이며, 사랑하고, 두려워하고, 친구를 만들고, 믿으며 살아간다. 이성과 감정이 조화를 이루는 그 지점에서, 우리는 비로소 온전한 인간으로 존재한다.

찬반 토론

찬성: 이성은 모든 것을 설명할 수 있다.

과학의 발전으로 우리는 점점 더 많은 것을 이해하게 된다.

반대: 이성은 모든 것을 설명하지 못한다.

사랑, 삶의 의미, 신 등은 이성의 영역을 넘는다.

핵심 정리

이성은 세상을 이해하는 강력한 도구이다. 하지만 인간 삶의 어떤 부분들(감정, 신앙, 예술 등)은 이성만으로는 완전히 설명되지 않는다. 그래서 우리는 때때로 이성과 마음(감성)을 함께 사용해야 한다.

3
내가 옳다고 확신할 수 있는가?

르네 데카르트

생각해 볼 문제

이번 단원은 우리가 '옳다'고 믿는 생각이 실제로도 옳은지 성찰하는 과정이다. 우리는 자신의 의견이 어디서 비롯되었는지 돌아보고, 그것이 근거 있는 판단인지 따져본다. 단순한 믿음과 검증된 진리 사이의 차이를 이해하는 것이 핵심이다. 이를 통해 확신이 항상 진리를 의미하지는 않음을 깨닫고, 의심과 질문의 중요성을 느낄 수 있다. 옳다고 여긴 생각이 실제로도 타당한지를 살피며 비판적 사고력을 기르게 된다. 결국, 스스로 판단하고, 근거를 세워 생각할 수 있는 힘을 키우는 것이 이번 단원의 목표다.

오늘의 철학자

르네 데카르트(René Descartes, 1596-1650)

데카르트는 누구인가?

르네 데카르트는 근대 철학의 아버지로 불리며, 확실한 진리를 찾기 위해 모든 것을 의심하는 '방법적 회의'를 제안했다. 그는 감각이나 경험이 때때로 우리를 속일 수 있기 때문에, 지금까지 믿어온 모든 것을 의심해보아야 한다고 주장했다.

그 결과, 의심할 수 없는 하나의 진리에 도달하게 되는데, 그것은 바로 의심하고 있는 '나'의 존재이다. 그는 이를 "나는 생각한다, 고로 존재한다(Cogito, ergo sum)"라는 명제로 표현했다. 이 명제는 데카르트 철학의 출발점이며, 이후 서양 철학에 깊은 영향을 주었다.

데카르트의 명언

1. **"나는 생각한다. 고로 존재한다."**(Cogito, ergo sum)

   내가 아무리 모든 것을 의심해도, 생각하고 있는 나 자신만큼은 의심할 수 없다. 그래서 나는 분명 존재한다.

2. "진리에 이르기 위해서는 인생에서 한 번쯤은 지금까지 받은 모든 의견을 의심해야 한다."

우리가 늘 옳다고 생각해온 것도, 다시 점검해야 진짜인지 알 수 있다.

3. "건전한 이성은 세상에서 가장 널리 퍼져 있는 것이다."

누구나 이성을 가지고 있지만, 잘 사용하는 것은 또 다른 문제다.

한 걸음 더

수업에서 정답을 말한 것 같았지만, 정말 정답이었을까? 친구가 나를 무시했다고 느꼈지만, 어쩌면 그것은 내 착각일지도 모른다. 우리는 때때로 자신이 확실히 옳다고 느끼지만, 실제로는 틀릴 가능성도 있다.

토론 질문

1. 확신하는 사람이 더 용기 있다고 생각하는가, 아니면 의심하는 사람이 더 용기 있다고 생각하는가?

2. 자신이 옳다고 확신했던 것이 나중에 틀린 것으로 나온 경험이 있는가?

3. 우리는 어떤 것을 완전히 확신할 수 있는가?

4. 자신의 생각이 옳은지 확인하려면 어떻게 해야 하는가?

> 확신하는 사람이 더 용기 있다고 생각하는가, 아니면 의심
> 하는 사람이 더 용기 있다고 생각하는가?

우리는 종종 '확신에 찬 사람'을 용기 있는 사람으로 떠올린다. 자신의 신념을 분명하게 말하고, 흔들림 없이 행동하며, 목표를 향해 망설임 없이 나아가는 사람 말이다. 이들은 리더로 보이고, 강한 인상을 남기며, 많은 사람의 주목을 받는다. 반면, '의심하는 사람'은 결정을 유보하고, 스스로에게 질문을 던지며, 때로는 머뭇거리는 태도를 보인다. 이런 모습은 용기보다는 불안, 또는 소극성으로 여겨질 때가 많다. 하지만 정말 그럴까? 과연 진정한 용기는 어디에 있을까?

먼저 확신이란 무엇인가? 확신은 어떤 생각이나 믿음에 대해 더 이상 의심하지 않고, 그것이 옳다고 믿는 상태를 말한다. 확신은 행동을 촉진시키고, 혼란 속에서 방향을 잡게 해준다. 특히 위기의 순간이나 결정의 갈림길에서는 확신이 강력한 추진력으로 작용한다. 역사 속의 많은 지도자들이 확신을 바탕으로 행동했고, 때로는 세상을 바꾸는 계기를 만들기도 했다. 마틴 루터 킹 목사의 "I have a dream" 연설,

간디의 비폭력 운동, 넬슨 만델라의 인권 투쟁 등은 그들이 가진 확신이 만들어낸 위대한 실천의 예이다.

하지만 확신은 언제나 옳을까? 또는 확신하는 사람이 항상 용기 있는 것일까? 그렇지 않다. 확신은 때로는 편견과 아집, 심지어 폭력으로 이어질 수 있다. 역사 속에서 수많은 전쟁과 박해, 차별과 억압은 누군가의 '확신'에서 시작되었다. 자신이 옳다고 굳게 믿는 사람은 다른 의견에 귀를 닫기 쉽고, 의심 없이 행동하는 사람은 되려 위험한 결과를 초래할 수도 있다. 그러므로 확신 자체가 곧 용기라는 생각은 위험하다. 진정한 용기는 오히려 자신의 확신을 끊임없이 점검하는 태도, 즉 의심할 줄 아는 자세에 있을지도 모른다.

의심이란 자신이 아는 것, 믿는 것, 보는 것에 대해 질문을 던지는 행위다. 플라톤은 "무지를 아는 것이 지혜의 시작"이라고 했고, 소크라테스는 "나는 아무것도 모른다는 것을 안다"고 선언하며 철학적 의심을 출발점으로 삼았다. 이런 태도는 단순한 회의주의가 아니다. 오히려 깊이 생각하고, 다양한 가능성을 열어두며, 타인의 의견을 경청하는 태도다. 무엇보다도, 의심하는 사람은 자신의 무지를 인정할 수 있는 용기를 지닌 사람이다.

용기란 단지 두려움을 없애는 것이 아니라, 두려움을 직시하고도 앞으로 나아가는 힘이다. 그런 점에서 의심은 때때로 두려움을 일으킨다. 내가 틀렸을 수도 있다는 생각, 내가 믿어온 것이 잘못된 것일 수도 있다는 불안, 내 선택이 최선이 아닐지도 모른다는 우려는 누구에게나 어렵고 고통스러운 감정이다. 그럼에도 불구하고 멈춰서서 질문을 던지고, 자신을 돌아보며, 때로는 기존의 입장을 바꾸는 행위야말로 더 큰 용기가 필요한 일이다.

예를 들어 과학자들은 언제나 의심을 통해 진리에 다가간다. 과학의 발전은 기존의 이론을 절대적인 것으로 받아들이지 않고, 실험과 논증을 통해 새로운 가설을 세우는 과정을 반복함으로써 이루어졌다. 아인슈타인은 뉴턴의 이론을 의심했고, 그로 인해 상대성 이론이 등장했다. 과학은 의심 없는 확신보다 근거 있는 질문을 더 신뢰한다.

마찬가지로 개인의 삶에서도 의심은 중요한 역할을 한다. 나는 누구인가? 내가 원하는 삶은 무엇인가? 지금의 선택이 정말 옳은가? 이런 질문들은 결코 가볍지 않지만, 자신을 더 깊이 이해하고 성장하게 만든다. 반면, 자신의 생각만이 절대적으로 옳다고 믿고, 타인의 말에 귀 기울이지 않으며, 비판을 무시하는 사람은 오히려 변화에 취약하고, 고립되기 쉽다.

물론 의심만 하고 아무 결정도 내리지 못하는 태도는 바람직하지 않다. 의심은 멈추기 위한 것이 아니라, 더 나은 확신을 찾기 위한 과정이어야 한다. 중요한 것은 의심 속에서도 진실을 향해 나아가고자 하는 지적인 정직성과 성찰의 용기다. 그러므로 가장 용기 있는 사람은 확신 속에서 의심을 멈추지 않고, 의심 속에서도 결정을 내릴 수 있는 사람일 것이다.

결론적으로, 확신과 의심은 어느 하나가 반드시 더 우월하거나 용감한 것이 아니다. 확신은 행동의 원천이 되지만, 의심은 그 행동이 올바른 방향을 향하도록 돕는다. 따라서 진정한 용기란 단지 확신하는 데 있는 것이 아니라, 의심할 줄 아는 능력과 그 의심 속에서 스스로를 갱신하는 태도에 있다. 그런 사람만이 더 나은 사회를 만들고, 더 깊은 삶을 살아갈 수 있다.

찬성: 나는 내가 옳다는 것을 확신할 수 있다.

증거, 사실, 논리를 통해 진실을 확인할 수 있다.

반대: 나는 절대적으로 확신할 수 없다.

아무리 믿어도 인간은 실수할 수 있고, 항상 틀릴 가능성이 있다.

핵심 정리

사람은 누구나 자신이 옳다고 느낀다. 하지만 스스로에게 질문을 던지고, 이성적으로 의심하는 것이 중요하다. 데카르트는 우리가 믿고 있는 것들을 한 번쯤 의심해야만 진짜로 확실한 진리에 도달할 수 있다고 말한다.

생각한다는 것은, 때때로 모른다는 것을 인정하는 것이기도 하다.

4

경험만으로 현실을 인식할 수 있는가?

John Locke.

존 로크

우리가 세상을 어떻게 인식하고 이해하는지를 탐구한다. 경험, 즉 오감을 통해 얻는 감각 정보만으로 현실을 정확히 파악할 수 있는지 고민해본다. 경험이 진리를 아는 데 충분한가에 대한 질문을 던지고, 감각에 의존한 인식이 갖는 한계도 살펴본다. 또한 이성적 사고가 이해에 어떤 역할을 하는지를 함께 성찰한다. 감각과 이성이 어떻게 서로 보완하며 작용하는지를 생각해 본다. 이를 통해 우리는 진정한 앎이란 무엇인지 깊이 고민할 수 있다.

오늘의 철학자

존 로크(John Locke, 1632–1704)

존 로크는 누구인가?

존 로크는 17세기 영국의 대표적인 경험주의 철학자이다. 그는 인간은 태어날 때 아무것도 새겨지지 않은 빈 종이(tabula rasa)와 같다고 보았다. 따라서 우리가 알고 있는 모든 지식은 태어날 때부터 존재하는 것이 아니라, 경험을 통해 형성된다고 주장했다. 이러한 경험에는 감각을 통한 외적 경험뿐 아니라, 마음속에서의 성찰과 사고를 통한 내적 경험도 포함된다. 로크는 선천적인 관념을 부정하며, 교육과 환경이 인간의 사고와 성격 형성에 결정적인 영향을 미친다고 보았다. 그의 사상은 근대 민주주의와 자유주의 정치 철학에도 큰 영향을 주었으며, 대표 저서로는 『인간 오성에 관한 시험』이 있다.

존 로크의 명언

1. "지성에 있는 것은 모두, 먼저 감각에 있었다."

   우리가 생각하는 모든 것은 감각을 통해 시작된다.

2. "마음은 빈 종이와 같다."

   우리는 태어날 때 아무것도 모르고, 살아가며 경험으로 채워간다.

3. "경험은 우리의 모든 지식의 원천이다."

   경험이 없다면 아무것도 알 수 없다.

한 걸음 더

아이는 불을 만져보고 그것이 뜨겁다는 것을 배운다. 비가 오는 날
하늘이 어둡다는 사실도 눈으로 관찰하며 알게 된다. 이렇게 우리
는 직접 경험과 관찰을 통해 많은 것을 배우지만, 오감이 항상 옳은
것은 아니다. 예를 들어 사막에서 보이는 신기루는 눈에는 분명 보
이지만, 실제로는 존재하지 않는 현상이다.

토론 질문

1. 직접 경험하지 않고도 어떤 것을 알 수 있다고 생각하는가?

2. 세상을 배울 때, 주로 시각과 직접적인 감각을 통해 인식한다고
   생각하는가?

3. 보고 들은 것을 믿었으나, 나중에 그것이 사실이 아님을 알게 된
   경험이 있는가?

4. 인간의 감각은 언제든지 오류를 범할 수 있다는 주장에 동의하
   는가?

직접 경험하지 않고도 어떤 것을 알 수 있다고 생각하는가?

우리는 종종 "겪어봐야 안다"거나 "직접 경험하지 않으면 모른다"는 말을 듣는다. 실제로 많은 이들이 어떤 상황이나 감정을 완전히 이해하려면 반드시 그것을 직접 겪어야 한다고 믿는다. 실연의 아픔, 부모가 되는 기쁨, 죽음에 대한 두려움, 전쟁의 참상 등은 말로 듣거나 책으로 읽는 것만으로는 결코 충분하지 않다. 그렇기에 경험은 지식의 출발점이자 확신을 주는 강력한 요소로 여겨진다.

하지만 이와 동시에 우리는 경험하지 않고도 어떤 것을 이해하거나 믿게 되는 순간들도 갖는다. 수학 공식을 이해할 때, 혹은 누군가의 슬픔에 공감할 때, 우리는 반드시 똑같은 경험을 하지는 않는다. 심지어는 전혀 겪지 않은 일을 마치 알고 있는 것처럼 이야기하거나 판단하는 일도 있다. 그렇다면 이 질문은 자연스럽게 이어진다. 과연 우리는 경험 없이도 진정한 앎에 이를 수 있는가?

이 문제는 철학적으로도 오래된 질문이다. 대표적인 예로 경험주의자들과 이성주의자들의 논쟁이 있다. 경험주의

자들은 인간은 백지처럼 태어나며, 모든 지식은 감각 경험을 통해 얻어진다고 주장한다. 존 로크는 "인간의 마음은 텅 빈 종이와 같고, 경험이 잉크가 되어 지식을 채워넣는다"고 보았다. 이 관점에서는 어떤 것도 직접 보거나, 듣거나, 해보지 않으면 알 수 없다. 실제로 불에 데어본 적 없는 사람은 불의 고통을 완전히 이해할 수 없고, 실연을 겪어보지 않은 사람은 사랑의 끝이 주는 아픔을 상상하기 어렵다고 말한다.

하지만 이성주의자들은 다른 길을 제시한다. 그들은 인간은 경험 이전에 이미 이성과 직관을 통해 보편적인 진리에 접근할 수 있다고 본다. 데카르트는 "나는 생각한다, 고로 존재한다"라는 명제를 통해, 어떤 경험도 없이 오직 사고만으로 도달할 수 있는 진리를 주장했다. 예를 들어 "2+2=4"라는 수학적 명제는 우리가 사과를 손에 쥐지 않고도 명확히 이해할 수 있다. 플라톤은 이를 한 걸음 더 발전시켜 "참된 지식은 감각에서 비롯되는 것이 아니라 영혼이 본래 지니고 있던 기억"이라고 보았다. 그는 우리가 감각으로 접하는 세계는 불완전하며, 눈에 보이지 않는 이데아의 세계야말로 변하지 않는 참된 진리가 존재하는 영역이라고 주장했다.

이 두 관점은 일상에서도 교차한다. 우리는 누군가의 아픔을 직접 겪지 않고도 공감할 수 있고, 직접 가보지 않은 장소에 대해서도 상상할 수 있다. 문학, 영화, 예술은 바로 그런 간접 경험의 도구가 된다. 아이는 전쟁을 겪지 않아도 전쟁의 비극을 느낄 수 있고, 부모가 되지 않아도 부모의 고통을 어느 정도 이해할 수 있다. 물론 그것은 경험자만이 느낄 수 있는 깊이에는 미치지 못할 수 있지만, 결코 무가치한 앎은 아니다.

또한 우리는 때로 경험이 오히려 판단을 흐리게 만드는 경우도 경험한다. 선입견이나 고정 관념은 특정한 경험에 너무 의존해서 생기기도 한다. 어떤 사람이 한 번 배신을 당했을 때, 모든 사람을 의심하게 되는 경우처럼 말이다. 이런 점에서 경험 그 자체가 완전한 진리를 보장하지는 않는다. 경험은 소중하지만, 언제나 주관적이며 제한적이다.

결국, 진정한 앎이란 경험과 이성, 공감과 상상, 직관과 비판적 사고가 복합적으로 작용할 때 가능하다. 우리는 직접 겪지 않아도 무엇이 옳고, 그른지 판단할 수 있어야 하고, 때로는 겪은 것만이 전부가 아님을 인식할 수 있어야 한다. 경험은 하나의 문이지만, 그 문을 통해 들어가 해석하고 의미를 부여하는 것은 우리의 이성이다.

경험하지 않았다는 이유로 말할 자격이 없다고 느끼는 사회 분위기, 또는 반대로 경험만을 내세우며 타인의 목소리를 무시하는 태도 모두 지식과 이해의 확장을 가로막는 벽이 된다. 우리가 배워야 할 것은, 경험 없이도 듣고, 배우고, 느끼고, 이해하려는 자세이며, 그것이야말로 경험보다 더 깊은 앎으로 가는 시작일 수 있다.

그러므로 질문은 이렇게 바뀔 수 있다. "경험하지 않고도 무엇을 알 수 있는가?"가 아니라, "어떻게 하면 경험하지 않은 것을 더 깊이 이해할 수 있을까?"라고 말이다. 그런 자세야말로 우리를 더 성숙한 존재로 만들어준다.

찬반 토론

찬성: 경험만으로도 현실을 인식할 수 있다.
우리의 감각은 세상을 알려주는 통로이다.
반대: 경험만으로는 부족하다.
이성, 기억, 과학적 사고 등이 함께 필요하다.

경험은 우리가 세상을 이해하는 첫걸음이다. 존 로크는 우리가 아는 모든 것이 감각 경험에서 시작된다고 주장했다. 그러나 다른 철학자들(예: 칸트, 데카르트 등)은 이성 없이는 참된 이해가 어렵다고 말한다. 결국, 우리는 경험과 사고를 함께 사용해야 현실을 깊이 이해할 수 있다.

2

자유

5
우리는 우리의 미래에 책임이 있는가?

장 폴 사르트르

우리는 스스로 삶을 선택하고 결정할 수 있는 존재일까? 인간에게
선택의 자유가 정말로 존재하는지, 그리고 그 선택에 따르는 책임은
무엇인지 깊이 성찰해 본다. 태어난 환경, 가족, 교육, 사회, 운명 등
의 조건들이 우리의 삶에 어떤 영향을 미치는지도 함께 분석한다.
내가 어떤 사람이 될지를 나 자신이 결정하는 것인지, 아니면 이미
주어진 틀 안에서 살아가는 것인지 질문을 던진다. 또한 우리의 결
정 속에 진정한 자유 의지가 얼마나 담겨 있는지도 살펴본다. 이를
통해 인간의 자유와 책임의 본질에 대해 고민해 본다.

오늘의 철학자

장 폴 사르트르(Jean-Paul Sartre, 1905–1980)

장 폴 사르트르는 누구인가?

사르트르는 20세기 프랑스의 대표적인 실존주의 철학자이자 작가이다. 그는 인간은 태어날 때부터 고정된 본성이나 운명을 지니지 않고, 오직 살아가며 하는 선택과 행동을 통해 자신을 형성한다고 보았다. 이 때문에 그는 "존재는 본질에 앞선다"라는 명제를 제시했다. 사르트르에 따르면 인간은 본질적으로 자유롭지만, 그 자유는 곧 자신의 모든 선택과 결과에 대한 책임을 수반한다. 따라서 어떤 사람이 되는지는 전적으로 자신의 몫이며, 타인이나 환경에 책임을 전가할 수 없다. 그의 사상은 개인의 자유와 책임, 그리고 실존적 불안을 강조하며, 대표 저서로는 『존재와 무』, 『구토』 등이 있다.

사르트르의 명언

1. **"인간은 자유라는 형벌을 받은 존재이다."**

   우리는 늘 선택해야 하고, 그 결과에 책임을 져야 한다.

2. **"실존은 본질에 앞선다."**

    인간은 정해진 모습으로 태어나지 않고, 자신의 행동으로 자신을 만들어 간다.

3. **"우리는, 사람들이 우리를 어떻게 만들려고 했든 간에, 결국은 우리가 스스로 만든 존재이다."**

    다른 사람이 영향을 주긴 하지만, 어떻게 살아갈지는 우리가 결정한다.

한 걸음 더

부모, 나라, 환경은 내가 선택하지 않았지만, 그 속에서 어떤 사람이 될지는 내가 결정할 수 있다. 힘든 일이 닥쳐도 포기할지 도전할지는 오로지 나의 선택이다. 공부하고, 꿈꾸고, 창작하고, 행동하는 것, 이 모든 것이 내가 나의 미래에 영향을 주는 방법이다.

토론 질문

1. 지금까지 자신의 미래를 위해 중요한 결정을 내려본 적이 있는가?

2. 스스로 자신의 미래를 선택할 자유가 있다고 느끼는가?

3. 가정, 학교, 사회 환경이 자신의 미래를 대신 결정한다고 느낀 적이 있는가?

4. 선택의 폭이 제한적일지라도, 그 선택에 대한 책임은 여전히 우리에게 있는가?

> **지금까지 자신의 미래를 위해 중요한 결정을 내려본 적이 있는가?**

요즘 나 자신에게 이런 질문을 해본 적이 있다.

'나는 내 미래를 위해 진짜 중요한 결정을 해본 적이 있을까?'

처음에는 잘 모르겠다고 생각했다. 어른들처럼 인생이 걸린 큰 결정을 해본 것도 아니니까. 그런데 조금 더 생각해 보니, 작고 사소해 보이던 선택들이 사실은 내 미래를 바꾸고 있었던 건 아닐까 하는 생각이 들었다.

중학교 때, 나는 수학을 정말 싫어했다. 시험만 보면 점수가 떨어졌고, 선생님 말씀이 뭔지 도통 이해가 안 됐다. 그때 나는 '나는 수포자야'라고 스스로를 규정하려 했다. 그런데 어느 날, 담임 선생님께서 내게 조용히 말씀하셨다.

"수학을 포기하지 마라. 포기하면 진짜 끝나. 근데 포기하지 않으면 조금씩 달라질 수도 있어."

그 말이 이상하게 마음에 박혔다. 그래서 그날 밤, 나는 결심했다. 하루에 단 30분이라도 수학 공부를 해보자. 사람들은 그런 걸 별거 아니라고 할 수도 있다. 하지만 나에게 그건 정말 큰 결정이었다. 그리고 그 결정을 지켜낸 덕분에, 나는 수학에 대한 두려움을 조금씩 극복해 나가고 있다. 내가 하고 싶은 공부를 선택할 수 있게 된 것도, 그때의 작은 결심이 있었기 때문이라고 생각한다.

또 한 번은 친구와 크게 다툰 적이 있었다. 서로 말이 안 통하고 오해만 쌓이면서, 며칠 동안 아예 말을 안 했다. 솔직히 자존심도 상하고, 먼저 다가가고 싶지 않았다. 그런데 나는 마음속 깊이 이렇게 생각했다.

'지금 화는 났지만, 나는 이 친구를 잃고 싶지 않아.'

그래서 용기를 내서 먼저 다가갔다. 어색하게나마 "우리 얘기 좀 할래?"라고 말했던 그 순간은, 지금 생각해도 내 안에 있는 무언가를 바꾼 결정이었다.

이처럼 우리는 매일 크고 작은 선택을 하면서 살아간다. 그중 어떤 건 그냥 스쳐 가지만, 어떤 건 나를 조금 더 단단하게, 어른스럽게 만들어준다. 나는 그 차이를 느낄 수 있다.

물론 지금도 나는 선택 앞에서 망설일 때가 많다. 대학을 어디로 갈지, 어떤 과를 선택해야 할지, 나중에 어떤 사람이 되고 싶은지—이런 고민은 여전히 나를 불안하게 만든다. 그런데 가끔은 이런 생각도 든다.

"결정이 무서운 게 아니라, 아무것도 안 하고 후회하는 게 더 무섭지 않을까?"

덴마크 철학자 키르케고르는 "결정이란 자유 속에서 불안을 감수하는 용기"라고 했다. 나도 아직 어리지만, 그 말이 뭔지 조금은 알 것 같다. 뭔가를 결정한다는 건, 나의 불완전함을 받아들이면서도 나 자신을 믿어보는 일이라고 느껴진다. 그리고 중요한 건, 큰 결심만 중요한 게 아니라는 것이다. 아침에 스스로 일어나는 습관, 오늘은 휴대폰을 조금 덜 보겠다는 다짐, 친구에게 먼저 인사하기, 부모님께 고맙다고 말하기—이런 일상의 작은 결심들이 모여 지금의 나를 만들고 있다.

그래서 지금 나는 자신 있게 말할 수 있다. 나는 지금까지 내 미래를 위해 몇 번의 중요한 결정을 내려왔다. 그것은 시험 점수나 명문대 합격처럼 눈에 보이는 성과가 아닐 수도 있다. 그러나 내 안에서는 분명 무언가가 자라고 있으며, 나는 내가 어떤 사람이고 어떤 삶을 원하는지 조금씩 더 알아가고 있다.

앞으로도 나는 수많은 결정을 하게 될 것이다. 그리고 그때마다 두렵더라도 도망치지 않고, 나 자신에게 솔직해지려 한다. 완벽하지 않아도 괜찮다. 중요한 건 내가 내 삶의 주인이라는 걸 잊지 않는 것이다. 이 글을 쓰는 지금 이 순간도, 어쩌면 나에게 또 하나의 중요한 결정일지도 모른다. 나는 오늘도 그렇게 나만의 길을 만들어가고 있다.

찬반 토론

찬성: 우리는 우리 미래에 책임이 있다

환경이 어떻든, 항상 선택할 여지가 있고 우리는 행동할 수 있다

반대: 우리는 모든 걸 통제할 수 없다

운, 환경, 사회적 조건이 미래를 크게 좌우한다

핵심 정리

사르트르는 인간이 자유롭기 때문에 책임이 따른다고 보았다. 이 자유는 무겁고 두려울 수 있다. 왜냐하면 남 탓을 할 수 없기 때문이다. 그러나 책임이 있다는 것은 우리가 자신의 삶을 바꿀 힘이 있다는 뜻이기도 하다. 우리의 미래는 매일의 선택 속에서 만들어진다.

6

기술 발전은 자유를 위협하는가?

미셸 푸코

생각해 볼 문제

기술의 발전은 우리 삶을 더욱 편리하게 만들었지만, 동시에 인간의 자유를 위협할 수 있다는 우려도 커지고 있다. 우리는 기술이 단순한 도구인지, 아니면 인간을 감시하고 통제하는 수단이 되는지에 대해 비판적으로 성찰해야 한다. 자동화와 연결, 데이터 추적이 일상화된 사회에서 인간이 여전히 자유로울 수 있는지 묻는 것은 매우 중요한 문제다. 또한 기술 의존과 조작 가능성에 대한 경각심도 필요하다. 기술은 이점을 주는 동시에 위험도 함께 가져오기 때문에, 일정한 한계를 설정할 필요성도 제기된다. 이러한 물음을 통해 우리는 기술과 자유의 복잡한 관계를 깊이 있게 탐구할 수 있다.

오늘의 철학자

미셸 푸코(Michel Foucault, 1926–1984)

미셸 푸코는 누구인가?

미셸 푸코는 20세기 프랑스를 대표하는 철학자이자 사상가로, 권력, 지식, 주체성에 대한 비판적 연구로 잘 알려져 있다. 그는 전통적인 철학보다는 역사, 사회학, 정치학을 넘나들며 학문 간 경계를 허물었다. 푸코는 권력이 단순히 국가나 법 같은 눈에 보이는 기관에서만 작동하는 것이 아니라고 생각했다. 그는 권력이 우리가 매일 접하는 말, 생각, 지식 속에 숨어서 사람들의 생각과 행동을 조용히 통제한다고 보았다. 또 감옥, 병원, 학교 같은 곳을 살펴보면서, 이런 제도가 사람들을 어떻게 감시하고 규칙에 맞게 행동하도록 만드는지를 설명했고, 이를 '규율 권력'이라고 불렀다. 그의 후기 사상에서는 '자기 돌봄'과 '자기 배려'라는 개념을 통해, 사람들이 권력 속에서도 스스로를 만들고 자유를 찾을 수 있는 방법을 고민했다. 대표 저서로는 『감시와 처벌』, 『성의 역사』, 『광기의 역사』 등이 있다.

1. **"'시선'은 권력의 한 형태이다."**

   누군가 나를 보고 있다고 느끼면, 스스로 행동을 조심하게 된다.

2. **"현대의 권력은 폭력보다 통제를 통해 작동한다."**

   더 이상 억지로 잡아 가두지 않아도, 사람들은 스스로를 감시한다.

3. **"권력이 있는 곳에는 언제나 저항이 있다."**

   감시당하더라도, 우리는 스스로 생각하고 선택할 수 있다.

한 걸음 더

인스타그램, 유튜브, 틱톡과 같은 SNS는 나를 표현할 수 있는 공간을 제공하지만, 동시에 내 클릭, 관심사, 위치와 같은 정보를 수집한다. 유튜브 알고리즘은 끊임없이 영상을 추천하는데, 이것이 내가 고른 것인지, 아니면 기계가 선택한 것인지 의문이 생긴다. CCTV, GPS, 인공 지능 비서도 편리함을 주지만, 그것이 나를 보호하는 것인지, 아니면 감시하는 것인지 생각해 볼 필요가 있다.

토론 질문

1. 기술이 오히려 자유를 지키는 수단이 될 수는 없는가?

2. 기술 덕분에 더 자유로워졌다고 느낀 적이 있는가?

3. 온라인상에서 감시받고 있다는 느낌을 받은 적이 있는가?

4. 감시를 받는 상황에서도 자유로울 수 있다고 생각하는가?

기술이 오히려 자유를 지키는 수단이 될 수는 없는가?

우리는 지금, 그 어느 때보다 빠르게 발전하는 기술 속에서 살아가고 있다. 스마트폰 하나로 친구와 연락하고, 인터넷으로 모든 정보를 검색할 수 있으며, 인공 지능이 음악을 추천해 주고 자율 주행차가 운전을 대신해 주는 세상. 이런 시대에 기술은 우리에게 엄청난 편리함과 가능성을 주었다. 하지만 동시에 누군가는 묻는다. "기술은 우리의 자유를 침해하고 있는 게 아닐까?" 얼굴 인식, 개인 정보 유출, 감시 사회 같은 단어들이 그런 걱정을 불러일으킨다. 그런데 나는 반대로 묻고 싶다. 기술이 자유를 위협하는 존재가 아니라, 오히려 자유를 지키는 방식이 될 수는 없을까?

먼저, 기술은 표현의 자유를 확장시켰다. 예전에는 신문이나 방송처럼 제한된 수단을 통해서만 자신의 의견을 알릴 수 있었지만, 지금은 누구나 SNS를 통해 자신의 생각을 전 세계에 발신할 수 있다. 억압받는 나라에서조차 기술을 통해 외부와 연결되고, 목소리를 낼 수 있는 기회를 얻는다. 예를 들어, 어떤 나라에서는 민주주의를 요구하는 젊은이들이 온라인을 통해 진실을 알리고 세계와 연대하고 있다. 이는 기술이 단순히 도구가 아니라 억압에서 벗어나려는 인간의 자유 의지를 실현시키는 수단이 될 수 있다는 증거다.

또한, 기술은 지식과 정보의 접근성을 넓혀준다. 정보는 권력이고, 지식은 자유로 가는 열쇠다. 내가 만약 시골에 사는 학생이라면 예전에는 좋은 강의를 듣기 어려웠을 것이다. 하지만 지금은 누구나 유튜브, 온라인 강의 플랫폼을 통해 세계 최고의 교수 강의를 들을 수 있다. 공부하고 싶다는 마음만 있다면, 기술은 그 길을 열어준다. 나는 이게 진짜 의미 있는 자유라고 생각한다. '선택할 수 있는 자유', '배울 수 있는 자유'를 기술이 지켜주고 있는 것이다.

그뿐만이 아니다. 기술은 차별을 줄이고, 장애를 넘어설 수 있도록 돕는다. 시각 장애인을 위한 AI 음성 안내 서비스, 청각 장애인을 위한 실시간 자막 기술, 휠체어를 위한 스마트 내비게이션 앱. 이런 기술들은 단지 편리함을 넘어, 누구나 인간으로서 존엄하게 살아갈 수 있도록 자유를 회복시켜주는 역할을 한다. 기술이 없다면 이런 자유는 말뿐이었을지 모른다.

물론, 기술이 항상 자유를 지키기만 하는 것은 아니다. 정부나 기업이 기술을 이용해 사람들을 감시하거나, 개인 정보를 무분별하게 수집할 때 우리는 불안함을 느낀다. 빅 브라더*처럼 기술이 우리를 통제하려 들 때, 우리는 기술을 의심하게 된다. 그래서 중요한 건 기술 그 자체가 아니라, 그 기술을 어떻게 쓰느냐는 우리의 의지와 선택이다. 칼이 요리에도 쓰이고 범죄에도 쓰이듯, 기술도 선한 도구가 될 수도, 위험한 무기가 될 수도 있다. 결국, 기술은 중립적이고, 그 가치는 인간의 태도에 달려 있다.

나는 기술을 무조건 두려워하거나 거부하기보다, 그것이 우리의 자유를 어떻게 더 잘 지킬 수 있도록 만들지를 고민해야 한다고 생각한다. 예를 들어, 블록체인 기술은 중앙의 통제 없이 신뢰할 수 있는 거래를 가능하게 해준다. 이는 권력의 남용을 견제하고, 개인의 자율성을 높여주는 좋은 예다. 개인 정보 보호를 강화하는 암호화 기술, 익명성이 보

---

* 빅 브라더(Big Brother)는 본래 영국의 작가 조지 오웰(George Orwell)이 저술한 소설 『1984』에 등장하는 가상의 절대 권력자를 지칭하는 용어이다. 작품 속에서 빅 브라더는 시민을 지속적으로 감시하고 사상과 행동을 통제하는 전체주의적 지도자의 상징으로 묘사된다. "Big Brother is watching you"(빅 브라더가 당신을 지켜보고 있다)라는 문구는 그 대표적인 표현이다. 오늘날 이 용어는 정부나 기업, 혹은 기술이 개인의 사생활을 과도하게 감시·통제하는 상황을 비판하는 비유적 표현으로 널리 사용된다.

장되는 통신 시스템도 자유를 지키는 기술의 모습이다.

우리는 아직 기술과 함께 살아가는 법을 배우는 중이다. 그래서 실수도 있고, 논란도 많다. 하지만 나는 희망을 갖고 싶다. 기술은 결국 인간의 도구이며, 인간이 그것을 어떻게 사용하느냐에 따라 자유를 지킬 수도, 잃을 수도 있다. 그렇다면 우리는 더 나은 선택을 할 수 있는 능력을 기르는 것이 중요하지 않을까?

결론적으로 말하자면, 기술은 자유를 위협하기도 하지만, 동시에 자유를 확장하고 지켜주는 강력한 도구가 될 수 있다. 우리가 기술을 경계해야 하는 이유는 그것이 위험해서가 아니라, 우리가 그 책임을 다하지 않으면 그만큼 위험해질 수 있기 때문이다.

나는 기술이 자유를 지키는 방식이 될 수 있다고 믿는다. 다만, 그 자유가 진짜로 모두를 위한 것이 되려면, 우리 각자가 기술을 올바르게 이해하고, 정의롭게 사용할 수 있는 지혜와 용기를 함께 가져야 한다고 생각한다.

찬성: 기술은 자유를 위협한다.

사람들을 감시하고, 영향을 주고, 선택의 자유를 줄인다.

반대: 기술은 자유를 확장시킨다.

더 많은 연결, 정보 접근, 표현의 기회를 제공한다.

핵심 정리

기술은 우리 삶을 더 편리하게 해주는 도구이다. 하지만 그 도구가 어떻게 사용되는지에 따라 우리의 자유를 침해할 수도 있다. 푸코는 우리가 감시 사회 속에 살고 있다고 경고하며, 그 안에서 깨어 있는 사고와 저항의 가능성을 강조했다. 진정한 자유란 아무것도 모른 채 따르거나 무작정 거부하는 것이 아니라, 규칙과 구조를 이해하고 그 속에서 내가 왜 그런 선택을 하는지 자각하며 행동하는 것이다.

7

자유롭다는 것은 하고 싶은 대로
하는 것인가?

장 자크 루소

자유는 단순히 하고 싶은 대로 행동하는 것이 아니라, 스스로 선택하고 그 결과에 책임을 지는 힘이다. 하고 싶은 모든 일을 실현하는 것이 진정한 자유처럼 보일 수 있지만, 그런 자유는 타인의 권리를 침해할 위험이 있다. 그래서 자유는 타인에 대한 존중과 규칙 속에서 더욱 빛난다. 우리가 법과 규칙을 따르는 이유는 자유를 억누르기 위해서가 아니라, 모두의 자유를 보장하기 위해서다. 자유란 무질서한 상태가 아니라 성숙한 선택과 책임의 결과다. 이런 관점에서 자유를 바라볼 때, 우리는 진정한 자유가 무엇인지 더 깊이 이해할 수 있다.

오늘의 철학자

장 자크 루소(Jean-Jacques Rousseau, 1712–1778)

루소는 누구인가?

루소는 진정한 자유란 단순히 하고 싶은 대로 행동하는 것이 아니라, 스스로 정한 법에 따라 행동하는 것이라고 보았다. 그는 자연적 자유(하고 싶은 대로 행동하는 상태)와 시민적 자유(공동체 안에서 법과 존중을 바탕으로 사는 자유)를 구분하였다.

루소의 명언

1. **"스스로 만든 법에 복종하는 것, 그것이 자유이다."**

   내가 동의한 규칙을 지킬 때, 남의 명령이 아닌 내 의지로 움직이는 것이다.

2. **"자유를 포기한다는 것은 인간됨을 포기하는 것이다."**

   자유는 인간으로서의 핵심 가치이다.

3. **"인간은 자유롭게 태어났지만, 어디서나 사슬에 묶여 있다."**

   우리는 본래 자유로우나, 사회 속 규범과 억압 속에 살고 있다.

따라서 모두가 자유로울 수 있는 사회를 함께 만들어야 한다.

한걸음 더

아이가 과자를 10봉지 먹고 싶어 하는 것은 자유처럼 보일 수 있지만, 실제로는 욕망에 끌려가는 모습일 수 있다. 내가 원하는 대로 행동했더라도 그 결과가 누군가에게 상처를 준다면, 그것은 진정한 자유라 보기 어렵다. 법은 나를 제한하는 동시에 폭력이나 부당함으로부터 지켜준다. 결국 자유란 단순히 하고 싶은 대로 하는 것이 아니라, 자기 자신과 타인을 존중하며 책임 있게 행동하는 것을 의미한다.

토론 질문

1. 지나치게 자유로운 행동이 타인에게 무의식적인 상처를 줄 수 있다고 보는가?

2. 자유란 당신에게 어떤 의미를 가지는가?

3. 하고 싶은 일을 했지만, 나중에 후회한 경험이 있는가?

4. 규칙이 존재하더라도 자유로울 수 있다고 생각하는가?

지나치게 자유로운 행동이 타인에게 무의식적인 상처를 줄 수 있다고 보는가?

'자유'는 듣기만 해도 가슴이 뻥 뚫리는 단어다. 하고 싶은 말을 마음껏 하고, 원하는 옷을 입고, 내 생각대로 선택할 수 있는 것. 많은 사람은 이것을 자유라고 말한다. 나 역시 자유로운 사람이 되고 싶고, 다른 사람에게 휘둘리지 않고 살아가고 싶다. 그런데 문득 이런 생각이 들었다. "내가 너무 자유롭게 행동하다 보면, 누군가에게 상처를 줄 수도 있지 않을까?" 내가 웃으며 던진 농담 한마디, 내 취향대로 한 행동 하나가 누군가에겐 아픔이 될 수도 있지 않을까?

요즘 사회에서는 '개성'이나 '자기표현'이 굉장히 중요하게 여겨진다. "나는 나야", "남이 뭐라 하든 내가 행복하면 돼" 같은 말들은 멋있게 느껴진다. 틀림이 아니라 다름을 인정하자는 말도 많이 들린다. 이런 분위기 속에서 우리는 자신을 드러내는 것이 점점 더 당연한 일처럼 느껴진다. 하지만 때로는 자기표현이 다른 사람을 배려하지 않는 방향으로 흐르기도 한다. 예를 들어, 수업 시간에 큰 소리로 자기 주장을 펼치다가 다른 친구가 말할 기회를 잃는다든지, 재미있자고 한 말이 누군가에겐 모욕처럼 들릴 수도 있다.

나는 한 번 이런 경험이 있었다. 친구와 장난을 치다가, 그 친구가 표정이 굳어지는 걸 봤다. 나는 "장난이잖아, 왜 그래?"라고 말했지만, 친구는 조용히 자리를 피했다. 그날 밤 나는 내 말이 그 친구에게 상처였을지도 모른다는 걸 깨달았다. 나는 그냥 솔직하게 말했을 뿐이었는데, 나의 '자유로운' 행동이 누군가에게는 무례하고 아픈 기억이 될 수 있다. 그때부터 나는 자유에 대해 다시 생각하게 됐다. 과연 나는 '진짜 자유롭게' 말하고 행동하고 있었던 걸까? 아니면, 남을 배려하지 않은 채 내 방식만 고집했던 건 아닐까?

철학자 장 자크 루소는 인간은 자유롭게 태어났지만, 사회 안에서 다양한 '사슬'에 묶여 살아간다고 했다. 그 사슬이란 법, 도덕, 예의 같은 것이다. 누군가는 이런 사슬이 자유를 억누른다고 생각할지도 모른다. 하지만 나는 오히려 이런 '보이지 않는 약속'들이 우리 사회를 더 안전하고 따뜻하게 만든다고 생각한다. 자유란 남을 해치지 않는 선에서 보장되어야 하며, 타인의 자유와 함께 살아가는 법을 배우는 것이 진짜 자유다.

자유와 상처는 때때로 가까이 있다. 특히 무의식적인 말이나 행동은 상대에게 더 깊은 상처가 될 수 있다. 왜냐하면 '고의'가 없었기에 사과도, 위로도 제대로 전달되지 않기 때문이다. "내가 그런 의도는 아니었어"라는 말은 상처받은 사람에게 위안이 되지 않는다. 그래서 자유에는 반드시 책임이 따라야 한다. 내가 어떤 말을 할 자유가 있다면, 그 말이 누군가에게 어떤 영향을 줄지도 생각할 책임이 있다는 뜻이다.

학교, 가정, 친구 사이에서도 마찬가지다. 어떤 친구는 외모나 가정 환경, 말투 때문에 상처를 쉽게 받는다. 내가 무심코 한 말이 누군가에겐 큰 상처가 될 수 있다. 그래서 나는 점점 더 조심하려고 노력한다. 말을 아끼라는 뜻이 아니라, 말할 때 '왜' 말하는지, '어떻게' 말하는지를 고민해야 한다는 뜻이다. 진짜 용기 있는 자유는, 다른 사람의 마음을 무시하는 것이 아니라, 그 마음을 이해하려고 노력하는 자유라고 생각한다.

요즘은 표현의 자유가 점점 넓어지고 있다. 연예인, 정치인, 일반인 누구든 SNS에서 목소리를 낼 수 있고, 다양한 의견이 오간다. 하지만 동시에 혐오 표현, 무례한 댓글, 언어폭력도 함께 늘어나고 있다. 표현의 자유는 중요하지만, 그 자유가 누군가의 인격을 침해하는 순간, 더 이상 자유가 아니라 폭력이 된다. 그렇기에 우리는 자유를 누리되, 그 자유가 다른 사람의 '존엄성' 위에 세워진 것이 아닌지 돌아봐야 한다.

결국 나는 이렇게 생각한다. 자유는 다른 사람과 함께 살아가기 위한 조건이다. 자유는 혼자 있을 때가 아니라, 타인과의 관계 속에서 진짜 빛난다. 내가 자유롭기 위해선, 너도 자유로워야 한다. 그러기 위해선 서로가 서로를 존중하고 배려해야 한다. 때로는 말을 멈추는 것도, 농담을 참는 것도, 의견을 양보하는 것도 자유다. 그런 자유는 절제된 자유이며, 아름다운 자유다.

그래서 나는 묻고 싶다. 나는 지금 누군가를 무의식적으로 상처 주고 있지는 않을까? 나의 자유가 누군가의 고통 위에 세워져 있지는 않을까? 자유롭고 싶다면, 나부터 타인을 향한 예민한 감수성과 따뜻한 배려를 키워야 한다. 그것이 자유를 누릴 자격이 있는 사람의 태도라고, 나는 믿는다.

찬성: 자유는 하고 싶은 대로 하는 것이다.

나는 남의 간섭 없이 내 인생을 결정할 권리가 있다.

반대: 자유는 아무거나 다 하는 게 아니다.

자유에는 책임이 따르며, 타인을 배려하고 스스로를 제어할 수 있어야 진짜 자유이다.

핵심 정리

자유는 단순히 제멋대로 행동하는 것이 아니라, 스스로 선택하고, 책임지고, 타인을 존중하며 행동하는 것이다. 루소는 진정한 자유는 스스로 만든 법에 따라 사는 것이라고 말한다. 공정한 규칙 속에서 모두가 자유로울 수 있는 사회, 그 속에서 자신을 통제하고 선택할 수 있는 힘이 진짜 자유이다.

8

자유란 누구의 명령도 따르지
않는 것인가?

임마누엘 칸트

자유는 단순히 누구의 명령도 따르지 않는 상태일까? 겉으로 보기에 모든 권위에 저항하는 것이 자유처럼 보일 수 있지만, 무조건적인 저항이 곧 자유는 아니다. 오히려 스스로 판단하고, 자신의 신념에 따라 어떤 규칙이나 명령을 자발적으로 따를 때 진정한 자유가 실현된다. 법이나 도덕 없이 살아가는 것이 자유처럼 보일 수 있지만, 그런 삶은 결국 혼란과 고립을 초래할 수 있다. 자유는 외부로부터의 억압이 없는 상태인 동시에, 스스로 책임 있게 선택하고 행동하는 능력이다. 따라서 복종의 상황에서도 그것이 자율적 선택이라면, 우리는 여전히 자유로울 수 있다.

오늘의 철학자
임마누엘 칸트(Emmanuel Kant, 1724–1804)

칸트는 누구인가?

칸트는 독일의 대표적인 계몽주의 철학자이자 서양 윤리학의 핵심 인물 중 한 사람이다. 그는 인간을 이성적이고 자율적인 존재로 보았으며, 도덕이란 외부의 보상이나 처벌이 아니라 오직 의무와 이성에 따라 행위하는 것이라고 주장했다. 칸트에게 자유란 하고 싶은 대로 사는 것이 아니라, 스스로 옳다고 판단한 도덕 법칙에 자발적으로 복종하는 상태이다. 그는 모든 사람이 자신의 행위 원칙이 보편적인 법칙이 될 수 있는지 고민해야 한다고 보았으며, 이를 '정언명령'이라는 개념으로 정리했다. 따라서 칸트 철학에서 자유는 욕망을 따르는 것이 아니라, 이성의 명령을 따르는 도덕적 자율성을 뜻한다.

칸트의 명언

1. "네가 하려는 행동의 원칙이 모두에게 적용될 수 있도록 행동

하라."

모든 사람이 따라도 괜찮을 만한 행동만 하라는 뜻이다. 자유롭게 행동하되, 언제나 도덕적 기준을 지녀야 한다.

2. "자신이 세운 법칙에 복종할 때 인간은 자유롭다."

남이 시켜서가 아니라, 내가 생각하고 선택한 법칙에 따를 때 자유롭다.

3. "자율성은 인간 존엄성의 기초이다."

자유란 스스로 생각하고 판단하는 힘이며, 이것이 인간을 존엄한 존재로 만든다.

한 걸음 더

규칙을 이해하고 스스로 선택해 지키는 것은 강요된 복종이 아니라 자율적인 행동이다. 양심에 따라 부당한 요구를 거절하는 것도 자유로운 선택이다. 무조건적인 반항이나 무조건적인 복종은 자유가 아니며, 깊이 생각하고 선택할 때 비로소 행동은 자유로워진다.

토론 질문

1. 스스로 결정하고 따르는 행동이 더 어렵게 느껴지는가?

2. 규칙을 지키면서도 자유로울 수 있다고 생각하는가?

3. 억지로 복종했던 경험이 있다면, 그때 스스로를 자유롭다고 느

껐는가?

4. 누구의 말도 듣지 않는 것이 진정한 자유라고 볼 수 있는가?

1번 길잡이 글

스스로 결정하고 따르는 행동이 더 어렵게 느껴지는가?

솔직히 말하면, 나는 아직도 어떤 결정을 내려야 할 때면 망설인다. 친구들과의 갈등, 공부 계획, 진로와 관련된 선택 등 중요한 순간이 찾아오면 나는 종종 누군가에게 조언을 구한다. 부모님일 수도 있고, 선생님이나 친구일 수도 있다. 물론 남의 말을 듣는 것이 나쁜 건 아니다. 때로는 좋은 조언이 큰 도움이 되기도 한다. 하지만 내가 진정으로 원하는 것이 무엇인지 스스로 결정하고, 그에 따라 행동하는 일은 생각보다 훨씬 더 어렵다.

왜 우리는 스스로 결정하는 것을 두려워할까? 나는 그 이유 중 하나가 '책임'이라고 생각한다. 남의 말을 따랐을 때는 결과가 좋지 않아도 마음 한구석에서 "그 사람이 틀렸네" 하고 넘어갈 수 있다. 그러나 내가 직접 내린 결정의 결과는 고스란히 내 몫이다. 실패하면 후회와 자책이 따라오고, 때로는 주변의 비난까지 감당해야 한다. 그래서 우리는 스스로 판단하기보다 누군가가 제시하는 길을 따라가고 싶어지는지도 모른다.

살다 보면 이런 고민은 끝없이 이어진다. 공부와 진로, 인간관계, 가족과의 갈등까지 모든 것이 얽혀 있다. 가끔은 누가 대신 결정해 주었으면 싶을 때도 있다. 하지만 결국 내 삶은 내가 살아가야 하기에, 선택의 주체 역시 나여야 한다. 아무도 내 인생을 대신 살아줄 수 없기 때문이다. 그러니 지금부터라도 스스로 결정하는 연습이 필요하다고 느낀다.

그런데 사실 더 큰 어려움은 '결정 자체'보다 그 결정을 지켜내는 행동에 있다. 예를 들어, 공부를 하겠다고 결심했다고 해보자. 결심은 어렵지만, 더 어려운 것은 그것을 꾸준히 실천하는 일이다. 며칠은 열심히 하다가도 금세 스마트폰에 손이 가고, 계획을 미루게 된다. 그래서 '작심삼일'이라는 말이 괜히 있는 게 아니다. 자기 자신이 내린 결정을 지키기 위해서는 끊임없이 자신과 싸워야 한다. 누군가의 지시를 따를 때보다 훨씬 더 큰 의지와 인내가 필요하다.

철학자 장 폴 사르트르는 "인간은 자유롭기 때문에 책임져야 한다"고 말했다. 그는 인간이 스스로 의미를 만들어 가는 존재라고 보았다. 누가 정해준 길이 아니라, 자기 선택으로 삶의 방향을 정해야만 진정한 인간이 될 수 있다는 뜻이다. 멋있는 말이지만 동시에 두렵다. 자유에는 책임이 뒤따르고, 선택에는 결과가 따른다. 그렇기에 스스로 결정하고 살아가는 일은 어렵지만, 결국은 가장 인간다운 길이라고 나는 생각한다.

얼마 전에도 친구 문제로 큰 고민을 한 적이 있다. 서로 오해가 쌓이고, 다른 친구들의 시선도 신경 쓰였다. 주변에서는 그냥 무시하라고 했지만, 나는 용기를 내어 먼저 말을 걸기로 했다. 그 결정은 오롯이 내 선택이었다. 행동으로 옮기기까지 며칠 동안 불안과 망설임이 있었지만, 결국 내 마음을 솔직히 전했고, 다시 웃으며 이야기할 수 있게 되었다. 스스로 내린 결정을 끝까지 실천하는 일이 얼마나 힘들면서도 값진 것인지를 나는 그 경험을 통해 깊이 깨달았다.

세상에는 너무 많은 정보와 의견이 쏟아진다. 인터넷, SNS, 유튜브, 뉴스에서 사람들은 끊임없이 "이게 맞다", "이렇게 살아야 한다"고 말한다. 그 속에서 나는 흔들리기도 하고 방향을 잃기도 한다. 하지만 점점 배워가고 있다. 내가 나 자신에게 솔직할 때, 내가 원하는 삶의 방향이 보인다는 것을.

결국 스스로 결정하고 행동한다는 것은 나 자신과 마주

하는 일이다. 내 불안, 내 두려움, 내 부족함을 인정해야 가능하다. 하지만 그 과정을 통해 나는 조금씩 성장하고, 나다운 삶을 살아갈 수 있다. 누군가의 기대가 아닌, 나의 목소리에 귀 기울이며 살아가는 삶. 그것이 어렵더라도 진정한 가치가 있다고 나는 믿는다.

그래서 나는 오늘도 스스로에게 묻는다.

"지금 너는 무엇을 원하니?"

그리고 그 답을 따라 살아가려 한다. 때로는 실패하더라도, 그 선택이 곧 나를 만들어갈 것이기 때문이다.

찬반 토론

찬성: 자유란 누구의 명령도 따르지 않는 것이다.

어떤 규칙이나 명령도 나를 속박할 수 없다. 나는 나의 주인이다.

반대: 자유는 스스로 판단해 따를 것을 선택하는 것이다.

내가 납득한 규칙을 따르는 것은 자유로운 선택이다.

자유는 단순히 아무도 안 따르는 것이 아니라, 무엇을 따를지 스스로 결정하고 책임지는 것이다. 칸트는, 이성적 판단을 통해 스스로 선택한 도덕 법칙을 따르는 것이 진정한 인간다운 자유라고 말한다. 자유는 무질서나 반항이 아니라, 양심에 따른 행동, 스스로의 원칙에 따라 사는 삶이다.

3

노동과
기술

9

일은 자아실현을 가능하게 하는가?

카를 마르크스

일은 단순히 돈을 벌기 위한 수단을 넘어서, 우리 삶의 방향과 자아를 형성하는 중요한 역할을 한다. 자발적으로 선택한 일은 개인의 능력과 가치를 실현하며 삶에 의미를 부여하지만, 강요된 노동은 오히려 우리를 소모하고 삶을 지치게 만든다. 우리는 일을 통해 배우고 성장하며, 자신이 어떤 사람인지 스스로에게 질문하게 된다. 일이 단지 반복적인 생존의 수단으로만 여겨질 때, 인간은 기계처럼 느껴질 수 있지만, 자신과 잘 맞는 일을 통해서는 오히려 더 인간다워질 수 있다. 내가 하는 일이 나를 닮아가고, 나 또한 그 일을 통해 완성되어 간다. 결국 중요한 것은 그 일이 나에게 어떤 의미를 주며, 내가 그 일 안에서 얼마나 나다워질 수 있는가이다.

오늘의 철학자

카를 마르크스(Karl H. Marx, 1818-1883)

카를 마르크스는 누구인가?

마르크스는 노동이 인간에게 매우 본질적인 활동이라고 보았다.
인간은 노동을 통해 세상을 바꾸고, 그 과정에서 자신도 변화하고
완성된다. 하지만 그는 자본주의 사회에서는 노동이 오히려 인간을
자기 자신으로부터 소외시키고, 노동자가 자신의 일에 자기를 담지
못하게 만든다고 비판했다.

마르크스의 명언

1. "노동을 통해 인간은 자기 자신을 만들어낸다."

   노동은 자기실현의 도구가 될 수 있다.

2. "노동은 고통이 아니라 삶의 표현이어야 한다."

   일이란 나를 풍요롭게 만드는 활동이어야 한다.

3. "노동자는 더 많은 부를 만들어낼수록 오히려 더 가난해진다."

시스템이 잘못되면, 노동자는 더 열심히 일할수록 더 소외되고 피곤해진다.

한 걸음 더

일은 음악가, 제과사, 엔지니어, 교사처럼 꿈을 실현하며 삶의 의미를 찾게 해줄 수 있지만, 반복적이고 강요된 일은 사람을 지치게 하고 무가치하다고 느끼게 할 수 있다. 반대로 일자리를 구하지 못하면 삶의 방향을 잃고 자아를 찾기 어려워질 수도 있다.

토론 질문

1. 자신이 미래에 하고 싶은 일이 자아를 표현해 줄 수 있는 일이라고 생각하는가?
2. 자신의 일에 만족하며 살아가는 어른을 알고 있는가?
3. 일 없이도 행복하게 살아갈 수 있다고 생각하는가?
4. 일은 인간을 완성시킨다고 생각하는가, 아니면 지치게 만든다고 생각하는가?

> **자신이 미래에 하고 싶은 일이 자아를 표현해 줄 수 있는 일**
>
> **이라고 생각하는가?**

가끔 나는 스스로에게 묻는다.

"네가 꿈꾸는 직업은 정말 너 자신을 보여줄 수 있는 일이야?"

이 질문은 단순한 진로 문제를 넘어서, 나라는 사람을 이해하려는 노력의 시작 같기도 하다. 솔직히 말하면, 나는 아직 내가 어떤 사람인지 완전히 알지 못한다. 하지만 한 가지는 분명하다. 나는 내가 진심으로 좋아하고, 나답게 살아갈 수 있는 일을 하고 싶다.

사람마다 '나를 표현한다'는 말의 의미는 다를 것이다. 누군가에게는 예술가처럼 창조적인 방식으로 자신을 드러내는 일일 수 있고, 또 어떤 이에게는 사람들과 소통하며 영향을 주는 일일 수 있다. 나에게 '나를 표현하는 일'이란 내 생각과 감정, 가치관이 자연스럽게 드러나는 일이다. 즉, 그 일을 할 때 내 안의 에너지가 억눌리지 않고 자유롭게 흐를 수 있어야 한다. 그것이 글쓰기든, 말하기든, 만들기든 상관

없다.

하지만 현실은 쉽지 않다. 사회는 여전히 안정성과 수입, 명문대와 취업률 같은 기준으로 직업을 평가하곤 한다. 나도 부모님이나 주변 어른들로부터 "그건 먹고살기 힘들다"거나 "그런 건 취미로 해"라는 말을 들은 적이 있다. 그럴 때면 나도 모르게 내가 좋아하는 일에 대해 스스로 의심하게 된다. 과연 내가 하고 싶은 일이 정말 나를 표현할 수 있는 일일까, 아니면 단순한 환상일까?

그럴수록 나는 나에게 더 솔직해지려고 한다. 예를 들어, 나는 글 쓰는 것을 좋아한다. 일기를 쓰든, 짧은 에세이를 쓰든, 내 생각을 단어로 옮기는 과정에서 비로소 나 자신을 만나는 기분이 든다. 글 속의 문장 하나하나가 나의 시선과 감정, 가치관을 담고 있기 때문이다. 그런 의미에서 나는 글쓰기가 나를 표현하는 도구가 될 수 있다고 믿는다. 물론 지금 당장은 작가가 될 수 있을지 확신할 수 없다. 하지만 그 일이 나다운 삶을 향한 첫걸음이라면, 나는 계속해서 그 길을 걸어보고 싶다.

중요한 건, 어떤 일을 하든 그 일이 나의 본모습을 지우지 않아야 한다는 것이다. 만약 어떤 직업이 단지 생계를 위한 수단일 뿐, 나의 생각이나 감정을 전혀 담아낼 수 없다면, 나는 점점 그 일을 하면서 나 자신을 잃어갈지도 모른다. 직업은 단순히 돈을 버는 도구가 아니라, 내가 세상과 만나는 방식이어야 한다고 생각한다. 그 안에서 나의 관심사와 가치가 살아 숨 쉬어야 비로소 '나답게 산다'고 말할 수 있다.

물론 세상에는 타협이 필요하다. 좋아하는 일만 하면서 살 수 있는 사람은 많지 않다. 어떤 일은 지루하고 반복적일 수 있으며, 때로는 하기 싫은 일도 해야 한다. 하지만 그런 현실 속에서도 나는 나를 조금이라도 표현할 수 있는 부분을 찾고 싶다. 그것이 직업 속의 작은 프로젝트일 수도 있고, 동료와의 대화일 수도 있다. 중요한 건, 내가 그 일을 '내 식대로' 해석하고, 의미를 부여할 수 있는 여지를 만드는 것이다.

내 앞에는 여전히 수많은 선택지가 놓여 있다. 하지만 나는 알고 있다. 내가 진심으로 원하는 일은 단지 유명하거나 돈을 많이 버는 일이 아니라, 내가 나 자신임을 느낄 수 있는 일이라는 것. 그리고 그런 일을 찾기 위해 나는 계속 질문하고, 경험하고, 실패하면서 나를 더 알아가야 한다. 그 과정이 힘들더라도, 그것이 진짜 나다운 미래를 만드는 길이라면, 나는 기꺼이 그 길을 가고 싶다.

결국, 내가 미래에 하고 싶은 일은 나를 표현할 수 있는 일이 되어야 한다고 나는 믿는다. 그것이 직업이든, 삶의 방식이든, 내가 선택한 길이 나의 내면과 연결되어 있다면, 나는 그 속에서 나답게 살아갈 수 있을 것이다. 그리고 그게 바로 내가 꿈꾸는 삶이다.

찬반 토론

찬성: 일은 자아실현을 가능하게 한다.

일은 삶의 의미, 사회적 역할, 성취감을 준다.

반대: 일은 자주 사람을 억압하고 소모한다.

스트레스, 피로, 반복적인 작업은 자아를 죽이기도 한다.

핵심 정리

마르크스는 노동이 인간을 자유롭게도, 소외시키기도 할 수 있다고 보았다. 의미 있고 자율적인 일은 성장을 가능하게 하며, 자아실현은 노동과 자유, 의미의 균형 속에서 이루어진다.

10
기술은 우리를 해방시키는가?

자크 엘륄

기술은 우리의 일상을 편리하게 만들고 다양한 선택의 폭을 넓혀주지만, 동시에 우리가 점점 기술에 의존하게 만들기도 한다. 스마트폰 하나로 어디서든 연결되고 정보를 얻을 수 있는 시대, 우리는 편리함 속에서 자유를 누리는 듯 보인다. 하지만 그만큼 개인의 사생활은 감시받고, 선택은 알고리즘에 의해 제한되기도 한다. 기술이 진정한 자유를 주는지, 아니면 보이지 않는 통제를 가져오는지는 우리가 기술을 어떻게 활용하느냐에 달려 있다. 자유란 단순한 편리함이 아니라, 스스로 선택하고 결정할 수 있는 능력과 책임을 포함한다. 결국 기술은 자유를 해방시킬 수도, 억압할 수도 있는 도구이며, 그 열쇠는 우리 손에 있다.

오늘의 철학자
자크 엘륄(Jacques Ellul, 1912–1994)

자크 엘륄은 누구인가?

자크 엘륄은 기술이 중립적이지 않으며 삶과 사고, 인간관계를 변화시킨다고 보았다. 기술 발전은 인간의 통제력을 약화할 위험이 있고, 자유는 기술 그 자체가 아니라 그것을 사용하는 방식에 달려 있다고 주장했다.

자크 엘륄의 명언

1. **"기술은 기술을 낳는다."**

   하나의 기술이 또 다른 기술을 부르고, 그 발전은 멈추지 않고 계속된다.

2. **"현대인은 기술 앞에서 더 이상 '아니오'라고 말하지 못한다."**

   새로운 기술이 나오면 우리는 별생각 없이 사용하고 받아들인다.

3. **"위험한 것은 기술이 아니라, 그것을 무비판적으로 사용하는 인간이다."**

기술은 도구일 뿐, 문제는 인간의 태도에 있다.

한 걸음 더

스마트폰, GPS, SNS, AI와 로봇은 편리함과 소통, 표현의 기회를 제공하지만, 동시에 집중력 저하, 중독, 능력 상실, 비교와 불안, 일자리 감소, 인간 소외 등 부정적 영향을 초래할 수 있다.

토론 질문

1. 진정한 자유란 편리함을 의미하는가, 아니면 스스로를 조절할 수 있는 힘을 의미하는가?
2. 기술이 자신에게 자유를 주고 있다고 느낀 적이 있는가? 그렇다면 어떤 점에서 그렇게 느꼈는가?
3. 기술이나 기계에 의존하고 있다고 느낀 경험이 있는가?
4. 일부 기술은 규제되거나 제한되어야 한다고 생각하는가?

진정한 자유란 편리함을 의미하는가, 아니면 스스로를 조절
할 수 있는 힘을 의미하는가?

　요즘 우리는 '자유롭게 산다'는 말을 자주 한다. 하고 싶
은 것을 하고, 보고 싶은 것을 보고, 먹고 싶은 것을 먹으며
사는 것이 자유라고 말한다. 스마트폰으로 모든 걸 할 수 있
고, 클릭 한 번이면 주문한 음식이 집 앞에 도착하고, 외출
하지 않아도 집에서 거의 모든 것을 누릴 수 있는 세상이다.
그래서일까? 자유란 마치 편리함과 같은 것으로 여겨지는
시대가 되었다. 하지만 나는 가끔 이런 생각이 든다. 진짜 자
유란 단순히 편한 삶을 누리는 것이 아니라, 스스로를 조절
하고 선택할 수 있는 힘에서 오는 게 아닐까?

　편리함은 분명 우리 삶을 변화시켰다. 공부하다 모르는
것이 생기면 인터넷에 검색하면 된다. 원하는 영상, 음악, 음
식, 사람까지 손끝 하나로 찾을 수 있다. 어떤 의미에서 현대
인은 과거 그 어떤 시대보다도 '자유로운' 삶을 살고 있는 것
처럼 보인다. 하지만 이런 편리함 속에서 나는 때때로 나 자
신을 잃고 있다는 생각을 한다. 계획 없이 유튜브를 보다가

몇 시간을 보내고, 자극적인 뉴스나 SNS 피드에 감정이 휘둘리고, 하고 싶었던 일 대신 '그냥 눈앞에 있는 것'을 선택할 때가 많다. 마치 내가 선택한 것 같지만, 사실은 편리함이 나를 선택하고 있는 건 아닐까 하는 의심이 든다.

반면, 진짜 자유는 스스로를 통제하고, 선택의 책임을 지는 힘에서 온다고 생각한다. 내가 무엇을 원하고, 무엇을 해야 하며, 어떤 삶을 살고 싶은지 고민하고 그것을 향해 나아가는 것. 때로는 불편하더라도 나에게 더 중요한 가치를 위해 유혹을 이겨내고, 감정을 조절하고, 습관을 관리하는 것이 진짜 나답게 사는 자유 아닐까? 내가 하루를 어떻게 쓰는지, 어떤 말을 하고, 어떤 관계를 맺는지에 대해 내가 책임질 수 있을 때, 비로소 나는 자유로운 존재가 된다.

철학자 에리히 프롬은 『자유로부터의 도피』에서 사람들이 자유를 갖게 되었지만, 오히려 그 자유가 두렵고 무거워서 외부 권위에 의존하게 된다고 말했다. 나는 이 말이 지금 시대에도 여전히 유효하다고 생각한다. 정보가 넘쳐나고 선택지가 많을수록 우리는 판단을 남에게 맡기고 싶어지고, 편한 쪽을 따르게 된다. 하지만 그렇게 살면 우리는 점점 자유롭게 보이지만 실제로는 외부에 휘둘리는 존재가 된다.

내가 생각하는 진짜 자유는 나 자신을 아는 것에서 시

작한다. 내가 무엇을 중요하게 생각하고, 어떤 방식으로 살아가고 싶은지 명확히 할 때, 비로소 나는 나를 조절할 수 있다. 그 조절이란 억압이나 참음이 아니라, 더 큰 목적을 위한 선택이다. 예를 들어 시험이 얼마 안 남았을 때 게임을 멈추고 책을 펴는 것, 친구에게 상처 주는 말을 삼가고 진심을 담아 말하는 것, 이 모든 것이 스스로를 조절하는 자유로운 행동이다.

물론 그것은 어렵다. 나도 매번 실패한다. 하지만 그런 연습을 반복할수록 나는 더 나답고, 더 단단해지는 것 같다. 그리고 그런 삶이야말로 내가 원하는 자유로운 삶이다. 편리함이 주는 즉각적인 만족보다, 스스로 선택하고 책임지는 삶이 더 깊고 오래가는 만족을 준다는 것을 조금씩 느끼고 있다.

그래서 나는 이제 '자유롭게 살고 싶다'는 말을 조금 다르게 생각하게 되었다. 단순히 하고 싶은 대로 다 하는 삶이 아니라, 하고 싶은 것 중에서 정말 나에게 의미 있는 것을 선택할 수 있는 삶, 그리고 그 선택을 지켜낼 수 있는 힘을 가진 삶. 그것이야말로 진짜 자유라고 믿는다.

찬성: 기술은 우리를 해방시킨다.

시간 절약, 정보 접근, 표현의 자유 등 우리는 기술로 더 많은 가능성을 누릴 수 있다.

반대: 기술은 오히려 우리를 속박한다.

점점 더 의존하고, 기계 없이 살 수 없게 된다. 우리는 기술의 노예가 될 수도 있다.

핵심 정리

기술은 인간을 도와줄 수도, 지배할 수도 있는 도구이다.

자크 엘륄은 우리에게 이렇게 묻는다.

"기술을 사용할 것인가, 아니면 기술에 의해 사용될 것인가?"

기술이 우리를 자유롭게 만들려면, 우리는 그것을 비판적으로 사용하고, 필요할 때 '아니오'라고 말할 줄 아는 용기가 필요하다.

11

기술 발전은 인간을 변화시키는가?

귄터 안더스

기술은 단순히 도구를 바꾸는 것이 아니라 인간의 삶 전반을 바꾸
어 놓았다. 우리는 이제 스마트 기기를 통해 언제 어디서나 소통하
고 일하지만, 동시에 직접적인 관계는 줄어들고 고립감을 느끼기도
한다. 기술은 노동의 방식과 속도를 바꾸고, 시간에 대한 인식까지
달라지게 만들었다. 인간은 더 빠르고 효율적인 존재가 되었지만,
그만큼 더 의존적이고 조작되기 쉬운 존재가 되었는지도 모른다. 기
술이 인간을 더 인간답게 만드는지, 아니면 비인간화시키는지는 그
기술을 사용하는 방식에 달려 있다. 결국, 기술 속에서도 인간의 본
질을 지키려는 성찰이 필요하다.

오늘의 철학자
귄터 안더스(Günther Anders, 1902–1992)

귄터 안더스는 누구인가?

귄터 안더스(Günther Anders, 1902-1992)는 오스트리아 출신의 철학자이자 작가로, 기술 문명과 현대 사회에 대한 비판적 성찰로 잘 알려져 있다. 본명은 귄터 슈테른(Günther Stern)이며, 현상학과 실존철학의 영향을 받았으나 점차 기술 비판과 문화 철학에 집중했다. 그는 특히 핵무기와 대량 파괴 기술, 그리고 매스 미디어가 인간의 삶과 사고방식에 미치는 영향을 날카롭게 분석했다.

안더스는 기술이 발전함에 따라 인간이 스스로 만든 기계를 따라가지 못하고, 오히려 그 앞에서 열등감을 느낀다고 보았다. 그는 이를 '기계 앞에서의 수치심'이라 불렀으며, 인간이 기술의 속도와 복잡성, 강력함을 감당하지 못하는 상황을 비판적으로 묘사했다. 대표 저서로는 『인간의 낙후(The Obsolescence of Man)』가 있으며, 여기서 그는 기술 발전이 인간성을 위협하고 도덕적 판단을 무디게 만드는 위험을 경고했다.

권터 안더스의 명언

1. **"우리는 더 이상 우리가 만든 것을 감당할 수 없다."**

   우리가 만든 기술은 너무 앞서가고, 우리는 따라가지 못한다.

2. **"인간은 구식이 되었다."**

   인간은 점점 기계의 기준에서 뒤처지는 존재가 되고 있다.

3. **"위험한 것은 기계가 아니라, 인간이 인간을 잊는 것이다."**

   진짜 문제는 기술이 아니라, 기술 때문에 인간다움을 잃는 것
   이다.

한 걸음 더

요즘 사람들은 구글, GPS 같은 기술에 기억을 의존하며, 스스로 기
억하려는 노력을 줄여가고 있다. SNS는 자기표현과 자존감 형성 방
식까지 변화시켜, '좋아요' 수가 자기 가치를 판단하는 기준이 되기
도 한다. 또한 AI가 대신 과제를 해주는 시대가 되면서, 인간이 스스
로 생각하지 않아도 되는 존재로 변해가는 위험이 제기되고 있다.

토론 질문

1. 기술이 발전하면서 인간이 더 나아졌다고 생각하는가, 아니면 어떤 측면에서는 오히려 약해졌다고 느끼는가?

2. 기계가 자신보다 더 잘한다고 느껴져 위축되거나 따라가지 못한다고 느낀 적이 있는가?

3. 스스로 판단하는 능력을 기르고 있다고 느끼는가, 아니면 알고리즘의 추천을 따르는 일이 많아졌다고 느끼는가?

4. 100년 전의 인간과 지금의 우리는 본질적으로 같은 존재라고 생각하는가?

1번 길잡이 글

> 기술이 발전하면서 인간이 더 나아졌다고 생각하는가, 아니면 어떤 측면에서는 오히려 약해졌다고 느끼는가?

우리 삶에서 기술은 이제 공기처럼 당연한 것이 되었다. 아침에 알람으로 눈을 뜨고, 스마트폰으로 날씨를 확인하고, 버스를 기다리며 음악을 듣는다. 수업 시간에도 태블릿을 사용하고, 모르는 건 바로 검색하고, 친구와의 대화도 메신저로 한다. 이런 변화는 분명 인간의 삶을 더 편리하고 효율적으로 만들어줬다. 그렇다면 기술이 발전하면서 인간은 더 나아진 것일까? 나는 이 질문에 "그렇기도 하고, 그렇지 않기도 하다"고 대답하고 싶다. 기술은 분명 인간을 더 똑똑하고 빠르게 만들었지만, 동시에 어떤 점에서는 우리를 더 약하게 만들었다고 생각한다.

먼저, 기술은 인간을 물리적·지적으로 '더 나아지게' 했다. 예를 들어 의료 기술의 발전으로 우리는 더 오래 살 수 있게 되었고, 다양한 질병을 치료할 수 있게 되었다. 온라인 수업과 자료 공유는 교육의 장벽을 낮췄고 누구나 원하는 지식을 빠르게 습득할 수 있게 했다. 정보의 양도 많아졌고, 인간의 창의력과 상상력은 기술과 결합하면서 놀라운 결과를 만들어내고 있다. 자율 주행차, 인공 지능, 우주 탐사까지… 인간은 과거에 불가능하다고 생각했던 많은 것들을 현실로 바꿔나가고 있다. 이처럼 기술은 인간의 한계를 확장하고, 가능성을 넓혀주는 도구로 작용해왔다.

하지만 한편으로는, 기술의 발전이 인간을 약하게 만든 부분도 있다. 가장 먼저 떠오르는 건 의존성이다. 요즘은 스마트폰 없이는 길도 못 찾고, 스케줄도 기억하지 못한다. 계산기 없이는 간단한 계산조차 망설이게 되고, 검색을 하지 않으면 생각을 깊이 해보려는 시도조차 줄인다. 모든 것이

자동화되고, 쉽게 얻을 수 있게 되면서 우리는 기억력, 집중력, 문제 해결 능력 같은 기본적인 능력들을 스스로 훈련하지 않게 된 것 같다.

또한, 감정적인 면에서도 기술은 우리를 약하게 만들 수 있다. 예전에는 누군가와의 갈등을 직접 만나 해결해야 했지만, 이제는 메시지 하나로 관계를 정리하고 피할 수 있다. SNS는 사람들과의 연결을 더 쉽게 해줬지만, 동시에 진짜 관계를 맺는 법, 서로를 이해하고 소통하는 능력을 떨어뜨리고 있는 것 같다. 스마트폰으로 외로움을 달래고, 불안함을 유튜브나 게임으로 잊어버리는 방식은 감정을 직면하고 다루는 힘을 약화하는 건 아닐까?

그리고 무엇보다 중요한 건 기술이 발달할수록, 인간 스스로 생각하지 않게 될 위험성이다. 인공 지능이 판단해주고, 알고리즘이 내 취향을 알려주고, 광고가 내 선택을 대신해 주는 세상. 우리는 점점 주체적인 판단보다 '추천된 것'을 따르고 있다. 이는 결국 나만의 생각, 나만의 가치관을 키우는 데 방해가 될 수 있다. 편리함 뒤에 숨겨진 무기력함이 우리를 천천히 덮고 있는 건 아닌지 걱정된다.

결국 기술은 칼과 같다. 어떻게 사용하느냐에 따라 유용한 도구가 될 수도 있고, 나를 해칠 수도 있다. 나는 기술을 부정하지 않는다. 오히려 그 혜택 속에서 살아가는 세대 중 하나로서 감사함을 느낀다. 하지만 그럴수록 더 경계하고, 기술에 휘둘리지 않고 주체적으로 사용하는 힘을 길러야 한다고 생각한다.

진짜 발전은 기술이 아니라, 그것을 사용하는 인간의 의식에 달려 있다고 믿는다. 기술이 발전해도 인간이 더 약해진다면, 그것은 진정한 진보가 아닐 것이다. 우리를 진짜로 더 나아지게 만드는 것은 기술이 아니라, 그 기술 속에서도 스스로를 지킬 수 있는 힘이다. 그 힘이 있다면, 기술은 인간을 약하게 만들지 않고, 오히려 더 빛나게 만들 것이다.

찬반 토론

찬성: 기술은 인간을 변화시킨다.

인간의 사고방식, 감정, 행동 방식이 점점 달라지고 있다.

반대: 인간은 본질적으로 변하지 않는다.

기술은 도구일 뿐, 인간의 욕망, 감정, 자유는 그대로다.

기술 발전은 단순히 외부 환경을 변화시키는 데 그치지 않고, 인간의 존재 방식 자체를 바꾸고 있다. 귄터 안더스는 기술이 마치 인간을 뛰어넘는 존재처럼 보일 때, 우리가 스스로를 하찮게 느낄 수 있다고 경고한다. 그렇다면 진정한 질문은 이것이다. "기계로 가득한 세상에서 나는 어떻게 인간답게 남을 수 있을까?"

4

예술

12
예술 작품은 항상 의미를 지니는가?

넬슨 굿맨

예술은 반드시 의미를 설명해야만 감동을 줄 수 있는 걸까? 어떤 작품은 명확한 메시지를 담고 있지만, 어떤 예술은 그저 느끼게 하고, 상상하게 하며, 놀라움을 안겨준다. 작가의 의도가 작품의 출발점이라면, 감상자의 해석과 느낌은 그것을 완성해 가는 여정이다. 우리는 작품의 뜻을 완전히 이해하지 못해도 깊은 감동을 받을 수 있고, 때로는 설명보다 감정이 더 많은 것을 전해주기도 한다. 이해와 감동은 반드시 함께하지 않지만, 서로를 더욱 풍부하게 만든다. 예술을 바라보는 우리의 시선이 곧 예술의 또 다른 의미가 될 수 있다.

오늘의 철학자
넬슨 굿맨 (Nelson Goodman, 1906-1998)

넬슨 굿맨은 누구인가?

넬슨 굿맨은 미국의 철학자로, 분석 철학과 미학 분야에서 중요한 업적을 남겼다. 그는 특히 예술 철학에서 예술 작품을 일종의 기호·언어 체계로 보았다. 굿맨에 따르면 예술은 언어처럼 의미를 전달하지만, 그 방식은 말처럼 단일하고 명확하지 않으며 다양한 해석 가능성을 가진다. 그는 예술이 고정된 하나의 의미를 갖는 것이 아니라, 상징과 기호를 통해 감상자마다 다르게 이해될 수 있다고 주장했다. 대표 저서로는 『예술의 언어(The Languages of Art)』가 있다.

넬슨 굿맨의 명언

1. "작품을 이해한다는 것은 그것을 읽는 법을 배우는 것이다."

   예술마다 고유한 표현 방식이 있으며, 우리는 그것을 해석하고 익혀야 한다.

2. "예술은 항상 재현하는 것은 아니며, 표현하고, 변형하고, 창조

한다."

예술은 무언가를 복사하는 것만이 아니라, 새로운 감각과 세계를 창조하는 것이다.

3. **"작품이 항상 무언가를 뜻하는 것은 아니지만, 항상 무언가를 일으킨다."**

이해하지 못해도, 작품은 우리 안에서 감정, 생각, 반응을 일으킨다.

한 걸음 더

추상화처럼 구체적 대상이 없어도 감동을 주는 예술이 있다면, 그 감동은 무엇에서 오는지 질문하게 된다. 가사의 뜻을 몰라도 좋은 노래에서 느끼는 감동은 의미보다는 감정에서 비롯될 수 있다. 또한, 도발적이거나 불편한 현대 미술은 명확한 메시지가 없어도 관객의 생각을 흔들고 새로운 질문을 던지게 만든다.

토론 질문

1. 우리는 작품을 완전히 이해하지 않고도 감동을 받을 수 있는가?

2. 이해하지 못했지만 좋다고 느낀 예술 작품이 있었는가?

3. 예술가는 항상 분명한 의도를 가지고 작품을 창작하는가?

4. 예술 작품의 의미는 작가에게 달려 있는가, 아니면 감상자에게

달려 있는가?

1번 길잡이 글

우리는 작품을 완전히 이해하지 않고도 감동을 받을 수 있는가?

전시회에 간 적이 있다. 그림 앞에 서서 사람들이 하나같이 고개를 끄덕이고, 뭔가 대단한 깨달음을 얻은 듯한 표정을 지었다. 하지만 솔직히 말하자면, 나는 그 그림이 무슨 의미인지 전혀 알 수 없었다. 추상적인 색채, 기괴한 구도, 설명문에는 어려운 철학적 용어가 가득했다. 나는 '내가 무언가를 놓치고 있는 건 아닐까?'라는 생각이 들었다. 그런데 이상하게도, 이해하지 못한 그 그림에서 나는 어떤 감정을 느꼈다. 어딘가 쓸쓸하고, 묘하게 위로받는 느낌. 그때 처음으로 이런 질문을 하게 되었다. "작품을 완전히 이해하지 않아도 감동받을 수 있는 걸까?"

나는 이 질문에 대해 "그렇다"고 대답하고 싶다. 오히려 감동이라는 것은 반드시 이해에서 비롯되는 것이 아니라고 생각한다. 감동은 때로 설명할 수 없는 감정에서 오기도 한다. 음악을 들을 때 가사 하나도 모르지만 울컥하는 순간이 있다. 외국 영화를 자막 없이 봤는데도 눈물이 나는 장면이 있다. 우리가 무언가를 '이해'하기 전에 이미 '느끼고' 있을 수도 있다는 뜻이다.

작품에는 여러 층위가 있다. 표면적인 줄거리나 형식, 작가의 의도 같은 '이해의 층'이 있는가 하면, 색감, 분위기, 리듬, 침묵, 여백 같은 '감각의 층'도 있다. 예를 들어 클래식 음악을 듣는다고 했을 때, 음악 이론을 모르는 사람도 피아노 선율의 부드러움이나 바이올린의 떨림에서 감정을 느낀다. 꼭 작곡가의 의도를 완전히 해석하지 않아도, 그 순간의 소리 하나가 사람의 마음을 흔들 수 있다.

또한 감동은 나 자신의 경험과 맞닿아 있을 때 더 쉽게 일어난다. 어떤 시를 읽을 때, 그 시가 내 삶의 어느 시점과 닿아 있다면 자연스럽게 눈시울이 뜨거워진다. 이때 우리는 그 시를 완벽하게 '이해'한 것이 아니라, 내 안의 감정과 '공명'했기 때문에 감동받는 것이다. 이처럼 감동은 작품 자체의 의미보다는, 나라는 수용자의 상태와 관계 속에서 더 깊게 생겨난다.

물론 이해가 감동을 더 깊게 만들 수는 있다. 어떤 영화를 처음 봤을 때는 단순히 슬프다고 느꼈는데, 감독의 의도

나 역사적 배경을 알게 된 후 다시 보면 감동이 훨씬 더 커질 수도 있다. 이해는 감동을 구조화하고 설명할 수 있게 도와준다. 하지만 감동 자체가 이해에서만 출발한다고 말할 수는 없다.

나는 오히려 예술이란, 우리로 하여금 말로 설명할 수 없는 감정을 끌어내게 하는 힘이라고 생각한다. 그 감정은 때로는 낯설고, 때로는 익숙하며, 때로는 혼란스럽다. 그렇기에 예술은 단순한 지식이 아니라 경험이며, 감각이며, 느낌이다. 그렇기에 우리는 작품을 이해하지 못하더라도, 그 작품과의 만남 속에서 감동할 수 있다.

결국 예술은 소통의 한 방식이다. 말로 설명되지 않는 것, 말로 옮길 수 없는 마음의 조각들을 전하는 방법이다. 우리는 작품을 볼 때마다 그것을 해석하려고 애쓰지만, 때때로 그냥 느끼는 것으로 충분할 때도 있다. 감동은 우리가 그 작품을 어떻게 '해석했는가'보다 그것이 우리에게 무엇을 '느끼게 했는가'에 달려 있다.

그래서 나는 이제 더 이상 작품 앞에서 '내가 이걸 이해하지 못하면 안 되는 걸까?'라는 부담을 느끼지 않으려고 한다. 대신, 내가 느끼는 작은 떨림, 슬며시 올라오는 미소, 이유 없이 가슴이 먹먹해지는 순간들을 그냥 받아들이기로

했다. 그것이 바로 예술이 나에게 말을 거는 방식이니까.

　이해 없이도 우리는 감동할 수 있다. 그리고 때로는, 이해보다 감동이 더 진실에 가까울지도 모른다.

찬반 토론

찬성: 예술은 항상 어떤 의미를 지닌다.

작품은 비록 우리가 그것을 완전히 이해하지 못하더라도 항상 무언가를 말하려 한다 .

반대: 모든 예술이 의미를 가지는 것은 아니다.

때로는 단순히 형태, 감정, 놀이 그 자체일 수 있다.

핵심 정리

　예술 작품은 때로 명확한 메시지를 전하지만, 더 자주 감상자가 느낌과 경험, 상상을 통해 스스로 의미를 만들어가게 한다. 넬슨 굿맨은 예술의 의미를 고정된 답이 아닌 해석의 과정으로 보았으며, 예술을 이해한다는 것은 감상자와 작품이 대화를 나누는 것과 같다고 했다.

13
예술은 규칙 없이 가능한가?

플라톤

예술은 자유로운 표현일까, 아니면 어떤 제약 속에서 더 깊어지는 걸까? 우리는 종종 규칙 없는 창작이 진정한 예술이라고 생각하지만, 실제로 많은 위대한 예술은 일정한 형식과 기술 안에서 탄생했다. 형식은 단지 제한이 아니라 표현을 더 정교하게 다듬는 틀일 수 있다. 즉흥성과 숙련은 서로 반대가 아니라, 때로는 조화를 이루며 예술의 완성도를 높인다. 제약은 예술가에게 도전이자 기회가 되며, 무형식보다 더 강렬한 감동을 줄 수 있다. 결국, 예술의 자유는 무질서가 아니라, 선택된 질서 안에서 꽃피울 수 있다.

오늘의 철학자
플라톤(Platon, 기원전 약428–348)

플라톤은 누구인가?

플라톤은 고대 그리스의 대표적인 철학자이자 소크라테스의 제자, 아리스토텔레스의 스승이다. 그는 서양 철학의 기초를 세운 인물로, 정치, 윤리, 교육, 예술 등 다양한 분야에서 깊은 영향을 미쳤다. 저서 대부분은 대화편 형식으로 쓰였으며, 『국가』에서는 이상 국가와 정의를 논의하고, 예술에 대해서는 모방론을 전개했다. 플라톤은 예술이 단순한 현실 재현을 넘어 도덕적·교육적 역할을 해야 한다고 보았고, 감정에 치우친 표현보다는 이성과 질서를 따르는 조화로운 형식을 강조했다.

플라톤의 명언

1. "진정한 예술은 질서의 모방이다."

   훌륭한 예술은 세계의 조화와 균형을 표현해야 한다.

2. "시인은 영감을 받지만, 이성에 의해 인도되어야 한다."

감정만으로는 부족하며, 생각과 구조가 함께 있어야 한다.

3. **"규칙이 없으면 예술가의 영혼은 혼란 속에 방황한다."**

틀이 없는 자유는 오히려 표현을 방해할 수 있다.

한 걸음 더

예술에서 전혀 의도 없이 만든 낙서를 예술로 볼 수 있는지는 의견이 갈린다. 어떤 이는 그것을 완전한 자유 표현으로 보지만, 또 다른 이는 형식과 내용이 없는 것은 예술이 아니라고 말한다. 랩, 슬램, 힙합 같은 장르도 겉보기엔 자유로워 보이지만, 실제로는 리듬·운율·스타일 등 엄격한 규칙 속에서 창의성을 발휘한다. 의도나 기술 없이 만든 영화, 시, 그림이 감동을 줄 수 있는지에 대해서도 논쟁이 있으며, 자유로움이 지나치면 오히려 작품으로 인식되지 않을 수 있다.

토론 질문

1. 규칙이 없을 때 예술가는 더욱 창의적일 수 있는가, 아니면 방향을 잃게 되는가?

2. 아무런 의도나 생각 없이 만들어진 작품이 감동을 줄 수 있다고 생각하는가?

3. 훌륭한 예술가는 기존의 규칙을 지키는 사람인가, 아니면 새로

운 규칙을 만드는 사람인가?

4. 형식도 없고, 기술도 없으며, 의미도 없는 작품을 예술이라고 할
   수 있는가?

1번 길잡이 글

> **규칙이 없을 때 예술가는 더욱 창의적일 수 있는가, 아니면**
> **방향을 잃게 되는가?**

나는 오랫동안 예술을 자유로운 표현의 영역이라고 생각해 왔다. 교과서에서도, 미술관에서도 우리는 예술가가 어떤 틀에도 얽매이지 않고 자신의 감정과 생각을 표현한다는 이야기를 자주 듣는다. 그래서 예술이 곧 자유 그 자체라고 믿어왔다. 하지만 문득 이런 의문이 들었다.

"정말로 규칙이 없다면, 예술가는 더 창의적일까, 아니면 오히려 혼란스러워질까?"

이 질문을 떠올리며 가장 먼저 생각난 것은 미술 시간의 경험이었다. '자유 주제'로 그림을 그리라는 과제를 받았을 때, 나는 한동안 아무것도 그릴 수 없었다. 평소에는 주제가 정해져 있을 때 금방 아이디어가 떠올랐지만, 형식도

주제도 마음대로 하라는 말에 오히려 머릿속이 하얘졌다. "내가 뭘 그리고 싶지?", "이게 예술일까?"라는 생각만 끝없이 맴돌았다. 자유는 때로 막막함이 되기도 했다.

예술에서 규칙은 꼭 법처럼 엄격한 것만을 의미하지 않는다. 형식, 주제, 도구, 시간 제한 같은 것들도 모두 하나의 제약이다. 그런데 바로 그 제약 속에서 우리는 고민하고, 새로운 방식을 모색하며, 예상치 못한 선택을 하게 된다. 오히려 이런 제한이 있을 때 창의력이 더 크게 발휘되는 것은 아닐까?

이를 잘 보여주는 사례가 영화 음악가 한스 짐머다. 그는 영화 덩케르크에서 시계 초침 소리를 음악의 리듬으로 활용했다. '1분 안에 위기감을 표현해야 한다'는 조건이 있었기에 가능한 발상이었다. 만약 아무런 제약이 없었다면 그는 그렇게 독창적인 방법을 떠올릴 수 있었을까?

문학에서도 비슷한 예가 있다. 일본의 소설가 무라카미 하루키는 매일 같은 시간에 일어나 일정한 시간 동안 글을 쓴다. 그는 "자유롭게 쓰고 싶다면 오히려 규칙이 필요하다"고 말했다. 무한한 자유는 자칫 산만함과 미완성으로 이어질 수 있다는 뜻이다.

물론 규칙이 지나치게 엄격하면 예술가의 상상력을 억

누르는 족쇄가 되기도 한다. 중요한 것은 규칙과 자유의 균형이다. 예술가는 스스로 어떤 규칙을 설정하면서도, 그것을 깨고 비틀며 넘어서는 과정에서 새로운 창조를 이끌어낸다. 피카소가 처음부터 추상화를 그린 것이 아니라, 고전적인 인체 드로잉을 완벽히 익힌 뒤 그 틀을 깬 것도 같은 맥락이다.

나는 예술이란 무질서한 자유가 아니라, 의미 있는 선택의 과정이라고 생각한다. 아무 규칙 없이 그려진 낙서와, 규칙을 깨뜨리기 위해 깊이 고민한 끝에 나온 표현은 다르다. 전자는 단순한 혼란일 수 있지만, 후자는 진정한 창의성이다. 그래서 나는 예술가가 완전한 자유 속에 있을 때보다, 어느 정도의 제약 속에서 더 창의적일 수 있다고 믿는다.

물론 예술가마다 다를 수 있다. 어떤 이는 틀이 있을 때 편안함을 느끼고, 또 어떤 이는 그 틀을 거부하며 자유롭게 나아간다. 하지만 대부분의 예술가들은 자신만의 '작은 규칙'을 가지고, 그 안에서 자유롭게 움직이며 작품을 만들어간다. 바둑판이 있기에 바둑을 둘 수 있고, 음계가 있기에 음악을 만들 수 있는 것처럼, 규칙은 창작의 출발점이 될 수 있다.

결국 예술은 정해진 답이 없는 길을 걸어가는 과정이

다. 그 길 위에서 작은 규칙들은 방향을 잃지 않게 해주는 이정표가 된다. 자유와 규칙이 서로를 보완하며 함께 갈 때, 우리는 더 깊고 진정한 예술을 만날 수 있다고 믿는다.

찬반 토론

찬성: 예술은 규칙 없이도 가능하다.

예술은 자유로운 감정과 표현에서 나오는 것이다.

반대: 예술은 규칙이 있어야 가능하다.

규칙과 형식이 있어야 전달력과 미적 효과가 생긴다.

핵심 정리

플라톤은 예술이 질서와 조화, 그리고 이성을 따를 때 인간의 정신을 고양시킬 수 있다고 보았다. 그는 규칙을 단순한 제한이 아니라 표현을 가능하게 하는 도구로 이해했다. 진정한 자유란 모든 규칙을 거부하는 것이 아니라, 어떤 규칙을 따를지 스스로 선택하고 필요할 때 그것을 넘어설 줄 아는 태도에 있다.

14

예술가는 자신의 작품을
완전히 통제할 수 있는가?

롤랑 바르트

예술 창작에서 '통제'는 어디까지 가능할까? 예술가는 자신의 의도와 메시지를 담아 작품을 만들지만, 감상자가 받아들이는 방식은 다양하다. 롤랑 바르트는 작품의 의미는 작가가 아닌 독자에게서 완성된다고 말했다. 실제로 예술 작품은 시간과 사회, 감정에 따라 전혀 다른 의미로 해석되곤 한다. 창작자의 통제를 벗어난 해석은 예술에 생명을 더해주며, 감상자와의 상호 작용 속에서 의미가 확장된다. 결국 예술은 완전한 통제가 아닌 열린 해석 속에서 빛나는 것이다.

오늘의 철학자
롤랑 바르트(Roland Barthes, 1915–1980)

바르트는 누구인가?

롤랑 바르트는 프랑스의 문학 이론가이자 기호학자, 철학자로, 언어와 기호, 문화의 의미 작용 방식을 분석하는 데 큰 영향을 끼쳤다. 그는 에세이 『저자의 죽음』에서 작품이 세상에 공개되는 순간, 그 해석의 주체가 작가에서 독자에게로 옮겨간다고 주장했다. 즉, 예술가는 작품의 출발점을 만들 수 있지만, 그 의미와 해석은 감상자의 몫이며 작가가 끝까지 통제할 수 없다. 이는 예술을 고정된 의미가 아닌 열린 해석의 장으로 보는 관점이다.

바르트의 명언

1. **"저자가 죽어야 독자가 탄생한다."**

   작품은 세상에 나오면 이제 감상자의 것이 된다.

2. **"텍스트는 설명되는 대상이 아니라, 탐험하는 공간이다."**

   하나의 정답 대신, 여러 해석이 가능하다.

3. "글쓰기는 모든 목소리와 기원의 파괴다."

예술은 창작자의 의도를 넘어, 혼자 살아가는 존재가 된다.

한 걸음 더

작품은 작가의 의도와 다르게 해석될 수 있다. 슬픈 이야기라도 독자가 희망의 메시지를 느낄 수 있고, 사랑 노래가 정치적 의미로 받아들여질 수도 있다. 또한, 그림은 예상치 못한 감정이나 기억을 불러일으키기도 한다. 이는 작품이 세상에 나오는 순간, 작가의 의도를 넘어서는 해석과 효과가 생길 수 있음을 보여준다.

토론 질문

1. 작품의 의미를 결정하는 주체는 작가인가, 아니면 감상자인가?

2. 예술가는 정말로 자신의 작품을 끝까지 조절할 수 있는가?

3. 어떤 작품을 감상하며 작가의 의도와는 다른 방식으로 해석한 경험이 있는가?

4. 작가가 의도하지 않았던 감동이나 해석이 있다면, 그것은 잘못된 것이라고 볼 수 있는가?

작품의 의미를 결정하는 주체는 작가인가, 아니면 감상자 인가?

우리가 미술관에서 그림을 보거나, 공연장에서 연극을 보거나, 책을 읽을 때마다 드는 질문이 있다. "이 작품은 어떤 의미를 가지고 있을까?" 그리고 다음으로 떠오르는 질문은 이것이다. "그 의미는 누가 정하는 걸까?" 많은 사람들이 처음엔 '당연히 작가가 정하지 않을까?'라고 생각한다. 하지만 곰곰이 생각해보면 꼭 그렇지만은 않은 것 같다.

작가는 분명 어떤 의도나 메시지를 담기 위해 작품을 만든다. 예를 들어, 고흐는 해바라기 그림을 그릴 때 단순한 식물을 그린 것이 아니라 생명력과 희망, 그리고 자신의 외로움을 표현하고자 했다. 작가의 의도는 작품의 출발점이며, 작품을 이해하기 위한 중요한 열쇠다. 그래서 학교에서도 작품을 배울 때 작가의 의도나 배경을 함께 공부한다. 그만큼 작가는 작품에 깊은 의미를 불어넣는 '창조자'라고 할 수 있다.

하지만 작품이 세상에 공개되는 순간부터, 그것은 더

이상 작가만의 것이 아니다. 감상자들은 각자의 삶의 경험, 감정, 가치관을 바탕으로 작품을 받아들이고 해석한다. 어떤 사람에게는 고흐의 해바라기가 밝고 따뜻한 느낌일 수 있지만, 다른 사람에게는 외로움이나 슬픔을 느끼게 할 수도 있다. 작가는 하나의 메시지를 담았지만, 감상자는 거기서 다른 의미를 발견할 수 있는 것이다.

이 점에서 프랑스 철학자 롤랑 바르트(Roland Barthes)는 아주 흥미로운 주장을 했다. 그는 "작가의 죽음(la mort de l'auteur)"이라는 개념을 통해, 작품의 의미는 작가가 아니라 독자가 결정한다고 보았다. 작품은 한 번 세상에 나가면, 수많은 해석의 가능성을 가지게 되고, 그때부터는 독자(감상자)가 새로운 의미를 만들어낸다는 것이다. 실제로 많은 문학 작품이나 미술 작품이 시간이 지나며 다양한 해석을 얻게 되는 것도 이 때문일 것이다.

예술 작품은 정답이 없다. 수학 문제처럼 하나의 공식으로 의미를 정할 수 없다. 그래서 감상자의 해석은 언제나 열려 있고, 다양할 수밖에 없다. 그리고 이것이 예술의 매력 중 하나라고 생각한다. 같은 작품을 두고도 서로 다른 느낌을 받을 수 있고, 또 시간이 흐르면서 같은 사람이 다시 봤을 때도 다른 감정을 느낄 수 있다. 감상자가 바뀌면 작품의 의미도 달라질 수 있는 것이다.

물론 그렇다고 해서 작가의 의도가 중요하지 않다는 것은 아니다. 작가의 배경과 의도를 알고 나면 더 깊이 있는 감상이 가능해지고, 작품을 이해하는 폭도 넓어진다. 하지만 그 의미가 '하나의 정답'으로 고정되는 것은 아니라는 점이 중요하다. 작가의 의도와 감상자의 해석이 만나면서 비로소 작품은 '살아 있는 의미'를 가지게 된다.

나는 이 질문에 대해 이렇게 생각한다. 작가는 의미를 '시작'하고, 감상자는 의미를 '완성'한다. 두 사람 모두 의미 형성의 중요한 주체다. 작가 없이 작품이 존재할 수 없듯, 감상자 없이는 작품이 살아 숨 쉴 수 없다. 결국 작품의 의미란, 작가의 생각과 감상자의 해석이 서로 만나고 대화하는 과정에서 생겨나는 것 아닐까?

이런 생각을 하면서 나는 앞으로 작품을 감상할 때 조금 더 자신감을 가져도 되겠다는 용기를 얻었다. '작가는 이렇게 말했지만, 나는 이렇게 느낀다'는 해석도 예술 감상의 일부라는 것, 그리고 나의 해석 역시 하나의 의미로 존중받을 수 있다는 점이 멋지게 느껴졌다.

찬성: 예술가는 작품을 통제할 수 있다.

단어, 색깔, 음향 등을 직접 선택했기 때문에 작가는 분명한 의도를

가지고 창작한다.

반대: 예술가는 통제할 수 없다.

작품이 공개되는 순간부터, 의미는 감상자와 사회, 문화 속에서 바

뀐다.

핵심 정리

예술은 의도와 통제에서 시작되지만, 해석과 감동은 언

제나 열려 있다. 롤랑 바르트는 "작품은 작가를 떠난 뒤,

감상자와 함께 새로운 의미를 만들어간다"고 보았다. 작가

는 작품의 첫 주인이지만, 마지막 해석자는 아닐 수도 있다.

5
도덕과
사회

15

도덕적으로 행동한다는 것은 자신의 이익을 포기하는 것을 의미하는가?

존 스튜어트 밀

도덕적인 행동은 언제나 자신의 이익을 포기해야만 가능한 것일까? 우리는 자신의 행복과 타인의 행복이 충돌한다고 느낄 때, 종종 도덕성과 이기심 사이에서 고민하게 된다. 하지만 도덕은 반드시 자기희생을 요구하지 않는다. 오히려 존 스튜어트 밀은 도덕을 모든 사람의 행복을 증진시키는 방향으로 이해하였다. 즉, 나의 이익이 공동의 이익과 조화를 이룰 때, 도덕적인 선택도 가능한 것이다. 밀에게 선한 행위란 최대 다수의 최대 행복을 실현하는 것이며, 개인의 행복 역시 도덕의 일부로 존중된다. 이익과 도덕은 긴장할 수 있지만, 반드시 대립하는 것은 아니다. 도덕적 선택은 때로 나의 기쁨이 타인의 기쁨과 만나는 지점에서 발생한다.

오늘의 철학자

존 스튜어트 밀(John Stuart Mill, 1806-1873)

밀은 누구인가?

존 스튜어트 밀은 근대 공리주의 윤리학의 대표 사상가로, 도덕의 기준을 "최대 다수의 최대 행복"에서 찾았다. 그는 인간이 쾌락을 추구하는 존재임을 인정하면서도, 단순한 육체적 쾌락이 아닌 지적이고 도덕적인 만족을 더 높은 가치로 보았다. 그는 개인의 자유를 강조하면서도, 타인의 행복을 해치지 않는 한에서 자신의 이익을 추구하는 것이 도덕적으로 정당하다고 보았다.

밀의 명언

1. **"행동은 그것이 행복을 증진시키는 한, 도덕적이다."**

   도덕적 행위는 고통을 줄이고 기쁨을 늘리는 것이다.

2. **"개인의 자유는 타인의 자유를 해치지 않는 한 절대적이다."**

   나의 자유로운 선택이 도덕적이려면 타인을 해치지 않아야 한다.

3. **"모든 쾌락이 같지 않다. 인간에게는 더 고귀한 만족이 있다."**

도덕은 단순한 욕망이 아니라, 더 나은 삶을 추구하는 과정이다.

한 걸음 더

아무도 보지 않아도 주운 돈을 돌려주는 것, 친구를 돕기 위해 자신의 공부 시간을 줄이는 것, 시험에서 부정행위를 거부하고 정직함을 지키는 행동은 모두 개인의 이익보다 옳음과 양심을 우선시한 선택이다.

토론 질문

1. 이익을 포기하고 자신이 옳다고 믿는 일을 선택한 경험이 있는가?
2. 도덕적으로 행동하기 위해서는 반드시 손해를 감수해야 하는가?
3. 어떤 선한 행위를 한 이유가 단지 기분이 좋기 때문이라면, 그 행위는 도덕적인가?
4. 선한 행동을 하고 칭찬을 기대한다면, 그 행위는 여전히 도덕적이라고 볼 수 있는가?

**이익을 포기하고 자신이 옳다고 믿는 일을 선택한 경험이 있
는가?**

나는 이익보다 옳음을 선택한 적이 있다.

살다 보면 선택의 순간이 온다. 더 이익이 되는 길과, 내
가 옳다고 믿는 길 사이에서 고민해야 할 때가 있다. 나는
아직 세상을 많이 살아본 것은 아니지만, 분명하게 말할 수
있는 경험이 하나 있다. 나는 한 번, 아니 여러 번, 내 이익을
포기하고 내가 옳다고 믿는 일을 선택한 적이 있다.

그중에서도 가장 기억에 남는 일은 중학교 때 친구와의
일이었다. 그 친구는 조용하고 말이 적은 아이였는데, 어느
날 몇몇 아이들이 그 친구를 놀리고 따돌리는 모습을 보게
되었다. 처음에는 나도 그저 '나와는 상관없는 일'이라고 생
각했다. 그 아이들과 사이가 나쁘지는 않았고, 괜히 나섰다
가 나까지 따돌림을 당할까 봐 겁도 났다.

하지만 며칠을 지켜보는 동안 마음속 불편함은 점점 커
졌다. 저건 분명 잘못된 일이라는 생각이 들었다. 결국, 나는
그 아이들 앞에서 "그만하라"고 말했고, 조용했던 친구에게

먼저 다가가 같이 밥을 먹자고 했다. 예상했던 대로, 그 후로 나도 약간 따돌림을 당했다. 무시당하거나 놀림을 받기도 했다. 하지만 이상하게도 후회는 들지 않았다. 내 안에서 '그래도 잘했다'는 목소리가 점점 커졌다.

그때 나는 깨달았다. 때로는 이익보다 옳음을 선택하는 것이 나를 더 단단하게 만든다는 것을. 그 이후로도 나는 비슷한 선택을 여러 번 했다. 조별 과제에서 얌체처럼 행동하는 친구에게 정직하게 말하기, 학급 회의에서 다수의 의견이 부당하다고 느껴질 때 소수의 입장을 말해주기 등, 이런 일들은 작지만 내가 누구인지, 어떤 가치를 지키고 싶은지를 스스로 알게 해주는 순간들이었다.

물론 그런 선택은 언제나 쉽지 않다. 시험을 망칠까 봐, 친구들과 사이가 멀어질까 봐, 어른들의 눈 밖에 날까 봐 두려울 때도 있다. 하지만 나는 점점 '내가 옳다고 믿는 것을 지킬 때, 나는 더 나다워진다'는 믿음을 갖게 되었다. 이익은 당장은 성적, 인기, 칭찬처럼 눈에 보이는 것일 수 있다. 하지만 옳은 일은 오래도록 내 마음을 지켜주는 믿음이 되었다.

가끔 친구들이 "왜 그렇게까지 해?"라고 묻는다. "어차피 바뀌는 것도 없잖아"라고 말할 때도 있다. 그럴 때마다 나는 "나는 내가 나를 믿고 싶어서"라고 대답한다. 내가 나 자신에게 떳떳하고 싶기 때문이다.

앞으로도 나는 더 큰 선택의 갈림길 앞에 서게 될 것이다. 돈, 명예, 안락함 같은 이익이 손에 닿을 수도 있고, 그것을 내려놓고 불편함과 싸워야 할 수도 있다. 하지만 나는 지금까지의 경험을 통해 배웠다. 내가 옳다고 믿는 것을 선택할 때, 비록 힘들어도 결국엔 그 길이 더 의미 있는 길이 된다는 것을.

이 글을 읽는 친구들에게도 말해주고 싶다. 꼭 큰 정의로운 행동이 아니어도 괜찮다. 누군가를 편들어주는 작은 용기, 모두가 외면할 때 고개를 드는 진심, 그런 것들이 바로 '옳음'이라는 믿음을 따르는 첫걸음이라고. 그리고 그런 선택이 바로 우리를 진짜 어른으로 자라게 해주는 힘이 된다고 생각한다.

찬반 토론

찬성: 도덕적으로 행동하려면 자신의 이익을 포기해야 한다.
도덕이란 자신보다 남을 먼저 생각하는 것이며, 때로는 불편함이나 손해를 감수해야 한다.
반대: 도덕성과 이익은 반드시 충돌하지 않는다.
올바른 일을 하면서도 기쁨, 존중, 장기적인 이익을 얻을 수 있다.

나와 타인의 행복은 함께 갈 수 있다.

칸트는 진짜 도덕적인 행동은 이익을 위해서가 아니라, 해야 할 일이어서 하는 것이라고 말했다. 보상을 바라지 않고, 그냥 옳으니까 하는 행동이 진정한 선이라는 뜻이다. 하지만 실제로는 이익과 도덕이 꼭 싸우는 건 아니어서, 둘이 함께할 수도 있다.

16

사회는 우리를 더 나은 존재로 만드는가?

아리스토텔레스

사회는 인간을 더 나은 존재로 만드는가? 아리스토텔레스는 인간이 본성적으로 정치적 존재(politikon zōon)라고 보았다. 그는 인간이 타인과 함께 살아가며 공동체 속에서 덕을 실천하고, 이성을 발휘하며 완성된 존재로 성장한다고 주장했다. 개인은 홀로는 충분히 인간답게 살 수 없으며, 오직 공동체 안에서만 참된 행복, 즉 '에우다이모니아(eudaimonia)'에 도달할 수 있다고 본 것이다. 물론 사회는 때때로 인간을 억압하거나 부정적인 영향을 줄 수 있다. 하지만 아리스토텔레스에게 사회는 인간이 자신의 가능성을 실현하고 선을 추구하기 위한 토대이다. 사회는 단순한 생존을 넘어서, 우리가 좋은 삶을 살아가기 위한 필수 조건이다.

오늘의 철학자
아리스토텔레스(Aristotle, BC 384–322)

아리스토텔레스는 누구인가?

아리스토텔레스는 인간을 사회적·정치적 존재로 규정한 최초의 철학자 중 한 사람이다. 그는 『정치학』에서 인간은 '폴리스(polis, 도시국가)' 안에서 비로소 완전한 인간이 된다고 주장했다. 개인은 본성적으로 타인과 관계를 맺으며 살아가도록 되어 있으며, 공동체는 인간이 도덕적으로 성장하고 덕을 실현할 수 있는 공간이다. 그에게 '좋은 삶'은 혼자가 아닌, 함께 살아가는 삶을 통해 이루어진다.

아리스토텔레스의 명언

1. "인간은 본성상 정치적 동물이다."

   인간은 공동체를 이루며 살아가는 존재이며, 그 안에서만 자신의 본성을 실현할 수 있다.

2. "최고의 선은 공동체 속에서 실현된다."

   도덕성과 행복은 사회적 관계 속에서만 이루어질 수 있다.

3. "고립된 인간은 짐승이거나 신이다."

사회 없이 혼자 살아가는 존재는 인간답지 않으며, 인간은 관계 속에서 인간이 된다.

아리스토텔레스는 사회를 단순히 억압하거나 제한하는 구조가 아닌, 인간을 도덕적으로 완성시키는 장으로 보았다. 우리는 사회 속에서 서로 배우고 성장하며, 궁극적으로 더 나은 존재로 나아갈 수 있다.

한 걸음 더

학교는 협동심과 규칙, 타인에 대한 배려를 가르치지만, 그것이 사람을 성장시키는지 혹은 획일화시키는지는 논쟁의 여지가 있다. SNS는 비교와 경쟁을 촉발해 성숙을 돕기도 하지만 불안을 키울 수도 있다. 또한, 자연 속에서 혼자 자란 아이가 더 순수한지, 혹은 덜 인간적인지는 쉽게 단정하기 어렵다.

토론 질문

1. 연대감과 배려심은 사회가 가르치는 것일까, 아니면 본능일까?
2. 사회는 우리를 더 정의롭고 책임감 있는 사람으로 만드는가?
3. 규칙이 없으면, 세상은 혼란스러워질까, 아니면 자유로워질까?

4. 사회가 나에게 어떤 행동을 강요하거나 생각을 억제한다고 느낀
   적이 있는가?

**연대감과 배려심은 사회가 가르치는 것일까, 아니면 본능일
까?**

누군가가 힘들어 보일 때 자연스럽게 걱정이 되고, 친구
가 울면 괜히 나도 눈물이 날 것 같고, 모르는 사람이라도
어려움에 처한 걸 보면 도와주고 싶어진다. 이런 감정은 어
디서 오는 걸까? 우리는 이런 마음을 '배려'라고 부르고, 누
군가와 함께 슬퍼하고 기뻐하는 마음을 '연대감'이라고 한
다. 그런데 문득 궁금해졌다. 이런 감정들은 내가 자라온 사
회와 교육 때문에 생긴 걸까, 아니면 인간에게 원래부터 있
던 본능일까?

먼저, 연대감과 배려심이 본능이라는 주장을 생각해보
자. 아기들은 아직 말도 못 하고 교육도 받지 않았지만, 누군
가가 울면 같이 울거나 무서워한다. 누군가를 때리면 울고,
누가 다치면 걱정하는 표정을 짓는다. 이런 모습은 본능이

아니고서는 설명하기 어렵다. 또 동물들 중에도 비슷한 행동을 하는 경우가 있다. 코끼리들이 무리의 죽은 동료를 애도하고, 돌고래들이 다친 동료를 물 위로 밀어올리는 모습은 인간만이 가진 감정이 아니라는 생각을 하게 만든다.

심리학자들은 이런 현상을 '공감 능력'이라고 설명한다. 우리는 상대의 표정이나 말투, 행동을 통해 그 사람이 어떤 감정을 느끼는지 파악하고, 그 감정에 나도 감정적으로 반응하는 능력을 타고난다는 것이다. 즉, 연대감이나 배려심은 인간의 생존을 위해 진화적으로 생겨난 능력일 수 있다. 협력하지 않고는 생존하기 어려웠던 인류의 역사 속에서 서로를 도우며 살아남기 위한 본능이었을 것이다.

하지만 그렇다고 해서 모든 사람이 항상 배려심이 깊고 연대감을 느끼는 것은 아니다. 어떤 사람은 다른 사람의 고통에 무관심하기도 하고, 자신에게 불이익이 될까 봐 모른 척하기도 한다. 그렇다면 이건 개인 차이일까? 아니면 사회가 어떤 방향으로 가르치느냐에 따라 달라지는 걸까?

우리는 자라면서 부모님, 선생님, 친구들, 그리고 다양한 매체를 통해 "배려해야 한다", "서로 도우며 살아야 한다"는 말을 수없이 듣는다. 교과서에는 따뜻한 이야기들이 나오고, 뉴스에서도 누군가를 도운 사람에 대한 칭찬이 자주 나온다. 학교에서도 공동체의 중요성을 배우고, 친구와의 협동이 얼마나 중요한지를 강조한다. 이런 사회적 환경 속에서 우리는 '배려하는 것이 옳은 일'이라는 기준을 내면화하게 된다.

특히 연대감이라는 것은 단순히 감정의 문제가 아니라, 사회적 구조와도 깊은 관련이 있다. 우리가 특정 집단과 자신을 동일시할수록, 그 집단의 고통에 더 쉽게 공감하고 행동하려는 의지를 갖게 된다. 예를 들어, 같은 학교 친구가 불이익을 당하면 더 크게 분노하고, 같은 지역 주민이 피해를 입으면 더 큰 관심을 가진다. 이런 감정은 '나와 너는 연결돼 있다'는 사회적 인식에서 비롯된다.

결국, 연대감과 배려심은 본능적인 요소와 사회적 학습, 두 가지가 결합된 결과라고 생각한다. 처음에는 기본적인 공감 능력이라는 본능이 있지만, 그것을 키우고 확장시켜 주는 것은 사회의 역할이다. 사회가 그 본능을 북돋아 주지 않으면, 그 능력은 점점 무뎌질 수도 있고, 반대로 사회가 지나치게 경쟁만을 강조하고 개인주의를 부추기면 연대감이나 배려는 억눌릴 수 있다.

나는 아직 세상을 많이 살아본 것은 아니지만, 지금까

지의 경험을 통해 이런 결론을 내리게 되었다. 나도 처음부터 배려심이 깊었던 건 아니다. 누군가에게 상처 주는 말을 한 적도 있었고, 친구가 힘들어할 때 어떻게 도와야 할지 몰라 피한 적도 있었다. 그런데 그런 경험들을 겪으면서, 그리고 선생님과 부모님의 조언을 들으면서 점점 더 '다른 사람을 생각하는 마음'이 중요하다는 걸 배우게 되었다.

그리고 그것이 단지 착한 사람이 되기 위한 것이 아니라, 나 자신이 더 좋은 사람이 되기 위한 길이라는 것도 알게 되었다. 누군가와 함께 울 수 있는 능력, 다른 사람을 위해 내 자리를 잠시 내어주는 용기, 이 모든 것이 결국은 나를 더 깊고 단단한 사람으로 만들어준다고 생각한다. 그리고 그런 사람들이 많은 사회는 분명 더 따뜻하고, 더 인간적인 사회일 것이다.

찬반 토론

찬성: 사회는 우리를 더 나은 존재로 만든다.

사회는 함께 사는 법, 도덕, 공감을 가르치고 개인의 성장을 도와준다.

반대: 사회는 우리를 타락시킨다.

사회는 경쟁, 위선, 불평등을 만들고 우리의 본성과 자유를 억압한다.

루소는 인간이 본래 선하나, 잘못된 사회가 이를 타락시킨다고 보았다. 그러나 그는 사회를 전적으로 부정하지 않았으며, 공정하고 정의로운 사회는 인간을 더 나은 존재로 이끌 수 있다고 믿었다. 따라서 핵심 질문은 사회가 어떤 조건에서 우리를 발전시키는지, 그리고 우리가 어떤 사회를 만들어야 하는지로 이어진다.

17

법은 자유를 제한하는가, 아니면 보장하는가?

몽테스키외

생각해 볼 문제

법은 자유를 제한하는 동시에 보장하기도 한다. 몽테스키외는 "자유란 법이 허용한 범위 안에서 원하는 것을 할 수 있는 상태"라고 보았다. 즉, 무제한의 자유는 타인의 권리를 침해할 수 있으므로 진정한 자유는 법을 통해 조율되어야 한다. 법은 사회 질서를 유지하고 약자의 권리를 보호함으로써 모두가 자유를 누릴 수 있는 기반을 만든다. 물론 때로 법은 권력 유지의 수단으로 악용되기도 한다. 그러나 올바르게 제정되고 집행되는 법은 자유의 적이 아니라 그 전제가 된다. 자유는 단순히 하고 싶은 대로 하는 것이 아니라, 공동체 속에서 서로의 권리를 존중하며 보장되는 권리다.

몽테스키외(Montesquieu, 1689-1755)

몽테스키외는 누구인가?

몽테스키외는 계몽주의 시대를 대표하는 정치 철학자로, 권력 분립과 정치적 자유, 정의로운 법의 중요성을 강조했다. 그는 법을 시민의 자유를 지키는 도구로 보았으며, 권력의 남용과 폭력으로부터 사람들을 보호해야 한다고 주장했다. 이를 위해 입법·행정·사법을 나누는 삼권 분립 제도를 제안했고, 권력이 스스로를 견제할 수 있는 구조가 필수적이라고 보았다.

몽테스키외의 명언

1. "자유란, 법이 허용하는 것을 할 수 있는 권리이다."

   우리는 법의 테두리 안에서 자유롭게 행동할 수 있다는 의미이다.

2. "권력이 남용되지 않도록 하려면, 권력은 권력에 의해 견제되어야 한다."

권력자나 제도도 법의 통제를 받아야 한다는 주장이다.

3. **"정치적 자유는 하고 싶은 대로 다 하는 것이 아니다."**

   자유란 타인의 자유를 침해하지 않는 범위 내에서의 행동을 뜻한다.

한 걸음 더

법은 겉으로는 개인의 자유를 제한하는 것처럼 보이지만, 실제로는 안전과 질서를 지켜 자유를 가능하게 한다. 예를 들어 교통 법규는 혼란과 사고를 막아 이동의 자유를 보장하고, 악성 댓글을 금지하는 법은 표현의 자유와 함께 인간의 존엄과 안전을 지킨다. 이처럼 공정하고 모두가 납득할 수 있는 규칙은 모두가 자유롭게 말하고 들을 수 있는 환경을 만들어 준다.

토론 질문

1. 어떤 법이 당신에게 자유를 제한한다고 느껴졌는가?
2. 만약 세상에 법이 없다면, 사람들은 더 자유롭고 평등하게 살 수 있을까?
3. 어떤 법은 자유를 보호하고, 어떤 법은 지나치게 제한하는가?
4. 자유를 보장하기 위해 필요한 규칙은 무엇이라고 생각하는가?

어떤 법이 나에게 자유를 제한한다고 느껴졌는가?

자유는 마치 공기처럼 우리 삶에 자연스럽게 스며들어 있는 것이지만, 막상 그 자유가 제한당할 때 우리는 비로소 그것의 소중함을 깨닫는다. 나는 지금까지 크게 법의 제한을 의식하지 않으며 살아왔지만, 어느 날 문득 「청소년 보호법」이라는 단어가 내 삶에 큰 그림자를 드리우고 있다는 것을 느꼈다.

「청소년 보호법」은 원래 우리를 보호하기 위한 법이다. 음란물이나 유해한 매체로부터 청소년을 보호하고, 밤늦게 밖을 돌아다니지 못하게 하며, 술이나 담배를 멀리하게 만드는 것. 겉으로 보면 모두 필요한 조치처럼 보인다. 그런데 고등학생이 된 지금, 나는 이 법이 단순히 보호만을 위한 것이 아니라, 어떤 면에서는 내가 스스로 선택하고 판단할 수 있는 기회를 앗아가고 있다는 생각이 들기 시작했다.

가장 먼저 떠오른 것은 '청소년 심야 통행 제한'이다. 밤 10시가 넘으면 PC방이나 노래방 같은 곳에는 들어갈 수 없고, 어떤 지역에서는 경찰이 신분증을 요구하며 집에 돌아가라고 지도하기도 한다. 물론 청소년이 밤늦게 돌아다니는 것이 위험할 수 있고, 부모님도 걱정하신다. 하지만 때로는 친구들과의 모임이나 단체 활동, 또는 단순히 스트레스를 풀고 싶은 날에도 나는 '청소년'이라는 이유만으로 그 자유를 제한받는다. 누군가는 "조금만 더 기다리면 되잖아. 어른 되면 다 할 수 있어"라고 말한다. 하지만 지금 이 순간의 내 선택권과 판단력은 과연 아무 가치 없는 것일까?

또 다른 예는 '콘텐츠 접근 제한'이다. 우리는 인터넷을 통해 다양한 정보를 접하고 생각을 확장해나가야 하는 시대에 살고 있다. 그런데 몇몇 웹사이트는 "청소년 유해 매체물"로 분류되어 접근 자체가 차단되어 있다. 물론 폭력적이거나 선정적인 콘텐츠는 제한될 필요가 있다. 하지만 때때로 철학적 주제나 성 정체성과 관련된 콘텐츠, 예술적 표현이 담긴 영상들까지도 막혀 있는 것을 보면, 이것이 정말 나를 위한 보호인지, 아니면 무조건적인 통제인지 의문이 든다.

이러한 법들은 "청소년은 미성숙하니까, 보호해야 한다"는 전제를 깔고 있다. 그런데 나는 질문하고 싶다. 과연 나의 의견은 무시되어야 할 만큼 미성숙한가? 나는 스스로 판단하고 행동할 수 있는 능력을 키워가고 있고, 실제로 친구들과의 관계나 학업, 사회 문제에 대해 나름의 기준을 갖고 살아가고 있다. 그런 나에게, 법이라는 이름으로 "넌 아직 안 돼"라고 선을 긋는 것이 과연 정당한가?

나는 법이 필요하다는 것을 안다. 법이 없으면 사회는 혼란에 빠지고, 사람들은 서로를 해치게 될 수도 있다. 하지만 동시에, 법은 시민의 자유를 지키기 위해 존재하는 것이지, 무조건 제한하기 위해 있는 것이 아니라고 믿는다. 특히 청소년을 대상으로 하는 법은 보호와 통제 사이의 균형이 무엇보다 중요하다. 지금의 「청소년 보호법」은 다소 일방적이고, 청소년의 목소리는 충분히 반영되지 않고 있는 것 같다.

그렇다면 나는 법이 없어지기를 원하는가? 그렇지 않다. 오히려 나는 더 나은 법을 원한다. 청소년의 성장과 자율성을 존중하면서도, 위험에서 지켜주는 법. 단순히 나이를 기준으로 일괄적으로 적용하는 것이 아니라, 상황과 맥락을 고려해 다양한 선택권을 허용하는 법. 예를 들어, 보호자 동의가 있을 경우 특정 시간에 활동이 가능하다든가, 스스로 동의서를 작성하면 제한된 콘텐츠에 접근할 수 있는 제도 등도 생각해볼 수 있다.

결국, 자유는 단순히 하고 싶은 대로 하는 것이 아니라,

스스로 판단하고 그 책임을 지는 것이라고 생각한다. 그렇다면 우리는 청소년에게도 그러한 자유를 연습할 수 있는 기회를 주어야 한다. '나중에' 어른이 되어서가 아니라, '지금'의 나로서 판단하고 성장할 수 있게 해주는 것. 그것이 진정한 보호이고, 내가 바라는 법의 모습이다.

그래서 나는 오늘도 생각한다. 나에게 자유를 제한한다고 느껴졌던 법들, 그 안에는 분명 좋은 의도도 있었지만, 때로는 나의 성장을 가로막는 벽처럼 느껴졌다. 앞으로 나는 이런 문제에 대해 더 많이 이야기하고, 때로는 바꾸기 위해 노력하는 사람이 되고 싶다. 왜냐하면 나도 이 사회의 한 구성원이자, 미래를 만들어갈 주체이기 때문이다.

찬반 토론

찬성: 법은 자유를 제한한다.

법은 금지와 처벌을 통해 자유로운 행동을 막는다.

사람들은 자기 방식대로 살 수 없게 된다.

반대: 법은 자유를 보장한다.

법은 폭력, 차별, 불의로부터 우리를 지켜준다.

공동의 규칙이 있어야 모두가 자유롭게 살아갈 수 있다.

자유는 규칙이 없다는 뜻이 아니라, 함께 살아가기 위한 질서 속의 권리이다. 몽테스키외는 법이 자유를 파괴하는 것이 아니라, 오히려 지켜주는 것이라고 보았다. 중요한 것은 공정하고 정의로운 법이며, 모든 사람에게 평등하게 적용되어야 한다는 점이다. 즉, 법과 자유는 대립하지 않고, 서로를 완성시킨다.

6

정치

18

국가는 시민들을 위한 도구인가?

토머스 홉스

생각해 볼 문제

국가는 시민을 보호하고 봉사하는 존재인가, 아니면 시민을 통제하고 지배하는 존재인가? 이 질문은 국가 권력의 본질과 인간 본성에 대한 깊은 통찰을 요구한다. 홉스는 인간이 자연 상태에서는 이기적이고 불안정한 존재라고 보았다. 『리바이어던』에서 그는 국가의 탄생이 인간 상호 간의 충돌과 혼란을 피하기 위한 필연적 계약의 결과라고 설명한다. 즉, 국가는 질서와 안전을 보장하기 위해 강력한 권력을 가져야 하며, 개인의 자유는 어느 정도 제한되어야 한다. 그는 국가를 '인공적인 인간', 즉 시민의 생명과 평화를 지키기 위해 만들어진 거대한 존재로 비유하였다. 시민이 자신의 권리를 국가에 양도할 때 비로소 사회는 존속할 수 있으며, 국가는 그 신뢰를 기반으로 존재하는 도구이자 권위이다.

오늘의 철학자
토머스 홉스(Thomas Hobbes, 1588–1679)

홉스는 누구인가?

홉스는 근대 정치 철학의 기초를 세운 사상가로, 인간의 본성과 국가의 기원을 현실주의적으로 설명하였다. 그는 자연 상태의 인간을 "만인의 만인에 대한 투쟁" 속에 놓인 존재로 묘사하며, 생존을 위한 최소한의 질서 유지를 위해 강력한 주권이 필요하다고 보았다. 국가는 시민 간의 계약으로 만들어진 존재이지만, 일단 성립된 국가는 절대적인 권위를 가져야 한다고 주장하였다. 개인의 자유보다 공동의 안전과 질서를 중시한 그는, 국가는 시민을 보호하는 대가로 통제의 권리를 갖는다고 본다.

홉스의 명언

1. **"자연 상태는 전쟁 상태이며, 인간의 삶은 고독하고, 가난하며, 비열하고, 짧다."**

   국가는 이런 자연 상태의 비극을 피하기 위해 필수적이다.

2. **"국가는 인간의 손으로 만든 인공적인 거인이다."**

   국가는 시민이 만든 창조물이지만, 그 안에서 가장 강력한 권위
   를 가진 존재다.

3. **"시민은 주권자에게 복종함으로써 비로소 자유롭다."**

   진정한 자유는 혼란 속의 방종이 아니라, 질서 있는 평화 속에서
   가능하다.

한 걸음 더

청소년들의 시위는 국가가 시민의 뜻을 반영해 행동해야 한다는 요
구로 볼 수 있다. 국가는 선거, 교육, 치안, 복지 등 다양한 제도를 운
영하지만 이것이 시민을 위한 것인지, 아니면 통제와 규율을 위한
것인지는 논쟁의 대상이다. 일부는 국가가 특정 집단의 이익만 대변
한다고 느끼며, 이런 경우에도 국가를 시민의 도구로 볼 수 있는지
에 대한 의문이 제기된다.

토론 질문

1. 국가는 나에게 보호자일까, 관리자일까, 통제자일까, 아니면 협
   력자일까?

2. 나는 국가의 정책이나 법을 바꿀 수 있다고 느낀 적이 있는가?

3. 국가는 과연 항상 모든 시민을 위한 결정을 내리고 있는가?

4. 만약 국가가 시민의 뜻을 따르지 않을 경우, 시민은 어떠한 행동을 취할 수 있는가?

1번 길잡이 글

> **국가는 나에게 보호자일까, 관리자일까, 통제자일까, 아니면 협력자일까?**

하루하루 살아가다 보면 국가라는 존재는 의식하지 않아도 삶 곳곳에 스며들어 있다는 걸 느낀다. 학교에 가는 길, 마트에서 물건을 살 때, 병원에 들를 때, 전혀 상관없어 보이는 일상 속에도 국가의 제도와 규칙은 작동하고 있다. 그래서 문득 생각해보게 된다. '국가'는 나에게 어떤 존재일까? 지켜주는 사람처럼 느껴질 때도 있고, 뭔가를 감시하거나 막는 존재처럼 다가올 때도 있다. 또는 삶을 함께 꾸려가는 동반자처럼 느껴질 때도 있다. 이 질문은 단순한 철학적 호기심이 아니라, 삶의 방식과 가치관을 스스로에게 되묻는 일이라고 생각한다.

가장 먼저 떠오르는 이미지는 '보호자'다. 아플 때 병원에 가면 건강 보험 제도가 있어 큰 부담 없이 진료를 받을 수 있다. 위험한 상황이 생기면 경찰이나 소방관이 구조하러 오고, 재난이 닥치면 국가에서 경고 문자와 대피소 정보를 알려준다. 이런 순간들 속에서 국가는 나와 내가 사랑하는 사람들을 지켜주는 보호자처럼 느껴진다. 보이지 않는 곳에서 안전을 마련해주고, 기본적인 권리를 보장해주는 든든한 존재라고도 할 수 있다.

하지만 국가는 동시에 '관리자'의 역할도 한다. 나의 출생부터 주민 등록 번호, 백신 접종 여부, 학교 생활 기록부, 진학 관련 서류까지 국가 시스템 안에 정리되어 있고, 이를 통해 행정적으로 나의 삶은 일정한 틀 안에서 관리된다. 교육, 의료, 치안, 교통 등 삶에 필요한 많은 것들이 국가의 계획과 예산을 통해 운영되고 있다. 이런 점에서 국가는 마치 커다란 기관처럼, 사회 전체를 효율적으로 움직이기 위해 질서를 유지하고 관리하는 관리자 같다.

그렇지만 때로는 그런 질서와 관리가 갑갑하게 느껴질 때도 있다. 예를 들어, 학교 정규 과정과 대학 입시 외의 다른 선택은 일탈로 여겨져 존중받지 못하는 경우도 있다. 때로는 사회의 일부 규범이나 제도가 다양한 진로와 생활 방식을 가로막기도 한다. 그런 순간, 국가는 감시자 혹은 통제자처럼 다가온다. 물론 대부분의 법과 규칙은 공동체의 안전과 질서를 위한 것이지만, 그것이 나의 자유를 침해하거나 스스로 선택할 기회를 지나치게 제한하는 방식으로 느껴지면, 국가에 대한 감정은 단순하지 않다.

그렇다면 국가는 나에게 '파트너'가 될 수도 있을까? 처음엔 잘 떠오르지 않았지만, 시간을 두고 생각해보니 분명 그런 순간들이 있다. 사회 문제에 관심을 가지고 참여할 수 있는 기회, 나의 의견이 반영되어 작은 변화가 일어나는 경험, 캠페인이나 자원봉사 활동을 통해 사회의 일부로서 목소리를 낼 수 있을 때, 국가는 단지 나를 규정하거나 보호하는 존재를 넘어 함께 움직이는 존재가 된다. 내가 일방적으로 따르는 대상이 아니라, 나 역시 함께 사회를 만들어가는 주체가 될 수 있다는 점에서 국가는 '동반자'가 된다.

한 걸음 더 나아가 보면, 국가는 하나의 단어로 정의되기 어려운 존재라는 생각이 든다. 보호자, 관리자, 통제자, 파트너… 그 모든 모습이 공존한다. 어떤 순간에는 나를 도와주는 손길이고, 또 어떤 순간에는 나의 선택을 제한하는 벽처럼 느껴지기도 한다. 하지만 중요한 것은 내가 그 국가와 어떤 관계를 맺고 있는가, 나 역시 국가라는 시스템 안에서 어떤 역할을 하며 살아가고 있는가를 계속 질문하고, 참여하고, 고민하는 자세이다.

국가는 나와 무관한 거대한 타자가 아니라, 나의 삶에 깊숙이 연결된 존재다. 내가 어떤 권리를 가지고 있고, 어떤 책임을 지는지를 이해할수록 국가는 더 이상 추상적인 존재가 아니다. 그것은 나의 권리를 지켜주는 동시에, 내가 책임을 지고 함께 나아가야 할 사회의 틀이다. 보호자처럼 든든하고, 관리자처럼 체계적이고, 때로는 통제자처럼 엄격하지만, 내가 목소리를 내고 손을 내밀면 언제든지 함께할 수 있는 파트너로서의 가능성도 가지고 있다.

결국 국가는 고정된 정체성이 아니라, 내가 어떻게 바라보고 어떤 태도를 가지느냐에 따라 달라지는 존재라고 생각한다. 그래서 나는 국가와의 관계를 '따르기만 하는 대상'이 아니라 '함께 살아가는 존재'로서 점점 더 생각하게 된다. 그리고 그 과정에서 나 자신이 더 넓은 공동체의 일부라는 사실도 조금씩 실감하게 된다.

찬성: 국가는 시민의 도구이다.

국가는 시민들의 세금과 참여로 운영되며, 시민들이 더 잘 살기 위해 존재하는 수단이다. 시민이 주인이고, 국가는 그들의 일을 대신 수행하는 조직이다.

반대: 국가는 시민을 지배하거나 통제한다.

실제로 국가는 권력을 가진 소수의 뜻대로 움직일 수 있다. 때로는 시민을 감시, 억압, 차별하기도 한다.

핵심 정리

루소는 국가는 시민들의 공동의 의지인 일반 의지를 실현하는 도구라고 보았다. 시민이 스스로 법을 만들고 지킬 때 진정한 자유와 평등이 가능하며, 국가는 그 자체가 목적이 아니라 시민의 행복과 정의를 위한 수단이어야 한다. 따라서 국가는 시민의 도구가 될 수 있지만, 전제는 시민이 국가의 주인일 때이다.

19

민주주의는 정의를 보장하는가?

존 롤스

민주주의는 정의를 보장할 수 있을까? 겉으로 보기에는 민주주의는 시민이 직접 참여하고 자유롭게 의견을 표현하는 제도이므로 정의로운 사회의 기반처럼 보인다. 그러나 민주주의가 곧 정의를 뜻하지는 않는다. 다수결로 만들어진 법이 소수자의 권리를 침해하거나, 투표권이 있다고 해서 모두가 공평한 출발선에 서 있는 것은 아니다. 존 롤스는 '무지의 베일' 개념을 통해, 진정한 정의는 자신의 위치를 모른 채 공정하게 선택된 원칙에 의해 성립되어야 한다고 말한다. 이는 민주주의가 정의를 실현하기 위한 수단일 수는 있어도, 그 자체가 정의는 아니라는 뜻이다. 따라서 우리는 민주주의의 형식에 만족하지 않고, 그 안에서 진정한 정의가 실현되고 있는지를 끊임없이 성찰하고 비판해야 한다.

오늘의 철학자
존 롤스(John Rawls, 1921–2002)

존 롤스는 누구인가?

롤스는 20세기 가장 영향력 있는 정치 철학자 중 한 명으로, 공정한 사회를 위한 원칙을 제시했다. 그는 모든 사람의 기본권 보장과 기회의 평등을 강조하며, 불평등은 사회적으로 가장 약한 사람에게 이익이 될 때만 정당화될 수 있다고 보았다. 특히 "무지의 베일(veil of ignorance)" 개념을 통해, 자신이 어떤 위치에 태어날지 모르는 상황에서 법과 제도를 설계한다면 모두에게 공정한 사회를 만들 수 있다고 주장했다.

존 롤스의 주요 명언

1. "정의는 사회 제도의 제1덕목이다."

    사회가 잘 작동하는 것보다 정의로운 것이 더 중요하다는 뜻이다.

2. "사회·경제적 불평등은 오직 가장 불리한 사람에게 이익이 될 때만 정당화될 수 있다."

정의로운 사회란, 가장 약한 사람을 중심으로 정책이 설계되는 사회를 의미한다.

3. **"어떤 사람도 유리한 환경에 태어났다는 이유만으로 더 많은 권리를 가져선 안 된다."**

기회의 평등이 정의의 핵심이라는 주장이다.

한 걸음 더

민주주의가 항상 정의를 보장하는 것은 아니다. 다수결이 소수자의 권리를 침해할 수 있으며, 제도가 민주적이라 해도 빈부 격차·교육 격차·의료 불평등이 여전히 존재할 수 있다. 또한 투표권이 있어도 사회적 자원이 부족하면 정치적 영향력을 행사하기 어렵다. 따라서 민주주의의 형식이 곧 정의를 의미하는 것은 아니며, 실질적 평등과 권리 보장이 필요하다.

토론 질문

1. 자신의 삶 속에서 불공정하다고 느낀 경험이 있었는가?
2. 민주주의는 정의로운 사회를 보장한다고 생각하는가?
3. 다수결로 정해진 법이 언제든 소수자에게 불공정할 수 있다는 점에 대해 어떻게 생각하는가?
4. 정의로운 민주주의를 위해 필요한 조건은 무엇인가?

자신의 삶 속에서 불공정하다고 느낀 경험이 있었는가?

살다 보면 누구나 한 번쯤은 "이건 너무 불공정한데?"라고 느낄 때가 있다. 나에게도 그런 순간이 있었다. 아주 사소할 수도 있지만, 나에게는 아직도 또렷하게 기억되는 날이다.

그날은 중간고사 결과가 발표된 날이었다. 나는 정말 열심히 공부했고, 특히 수학은 지난 시험보다 훨씬 나아질 거라고 믿었다. 시험 전날까지도 밤늦게까지 문제를 풀었고, 모르는 부분은 친구들과 스터디하면서 보완했다. 시험도 무난하게 본 것 같아 기대가 컸다. 그런데 성적표를 받아든 순간, 나는 멍해졌다. 내가 예상했던 점수보다 훨씬 낮았던 것이다.

처음엔 실수했겠거니 생각했다. 그래서 선생님께 시험지를 보여달라고 요청했다. 그런데 시험지를 보자마자 알 수 있었다. 내가 맞게 푼 문제에 대해, 풀이 과정이 '모범 답안과 다르다'는 이유로 감점된 것이었다. 나는 문제의 조건을 정확히 이해했고, 다른 방식으로도 정답을 도출했지만, 그

건 인정되지 않았다. 같은 답을 낸 다른 친구는 감점을 받지 않았다는 이야기를 듣고 나니, 그때부터 마음이 불편해지기 시작했다.

나는 선생님께 다시 이야기했다. "제가 한 풀이도 수학적으로 옳은 방법인데, 왜 감점인가요?" 하지만 돌아온 대답은 "모범 답안을 기준으로 채점해야 공정하다"는 말뿐이었다. 그 순간, 나는 묘한 모순을 느꼈다. 공정을 위해 만든 기준이, 오히려 나에게는 불공정으로 느껴졌기 때문이다.

이 일을 겪으며 나는 처음으로 '형식적인 공정'과 '실질적인 공정'은 다를 수 있구나라는 생각을 했다. 모든 사람에게 같은 기준을 적용하는 것이 정말 공정한 것일까? 아니면, 각자의 상황과 맥락을 고려해주는 것이 진짜 공정일까? 그날 이후 나는 '공정함'이라는 단어를 조금 더 복잡하게 받아들이게 되었다.

이 경험은 나를 좌절하게도 만들었지만, 한편으로는 내 안의 어떤 감각을 깨웠다. 불공정하다고 느껴졌을 때, 그 감정을 그냥 넘기기보다 '왜 그런가'를 생각해보는 힘 말이다. 그리고 그것이 단지 나만의 억울함이 아니라, 사회 속에서 다양한 방식으로 반복되고 있는 문제일 수 있다는 점도 알게 되었다. 나의 작은 경험이, 사회의 큰 구조와도 연결될 수 있다는 사실은 신기하고도 무거운 깨달음이었다.

그 이후 나는 친구들끼리의 활동이나 조별 과제에서도 누군가 소외되거나 불리한 상황에 놓이지 않도록 더 주의하게 되었다. 그리고 때로는, 불편하더라도 목소리를 내는 연습을 하고 있다. 그건 나를 위한 일이기도 하지만, 언젠가 내가 다른 누군가의 불공정을 외면하지 않는 사람이 되기 위한 훈련이기도 하다.

우리는 자주 '공정해야 한다'고 말하지만, 그 공정함은 단순한 규칙을 지키는 것만으로는 이루어지지 않는다. 진짜 공정함은 누군가의 상황을 듣고 이해하려는 태도에서 시작된다는 것, 그리고 그 태도를 기르는 일은 아주 어릴 때부터 연습해야 하는 삶의 중요한 과정이라는 것을 나는 이번 경험을 통해 배웠다.

지금은 시간이 지나 그 일은 지난 일이 되었지만, 내 안에 남아 있는 감정과 생각들은 아직도 살아 있다. 앞으로도 나는 살아가며 많은 불공정한 상황을 마주하게 될 것이다. 그때마다 나는 그날의 기억을 떠올릴 것이다. 그리고 조금 더 용기를 내어, 내 생각을 말하고, 다른 이의 말에 귀 기울일 수 있는 사람이 되고 싶다.

찬성: 민주주의는 정의를 보장한다.

모든 시민은 표현의 자유와 투표권을 가진다.

법과 제도는 대중의 의사에 따라 형성된다.

잘못된 결정은 시민의 참여로 고칠 수 있다.

반대: 민주주의는 정의를 보장하지 않는다.

다수결이 소수를 억압할 수 있다.

표현의 자유나 투표권만으로는 사회적 불평등을 해결할 수 없다.

실제로는 돈, 권력, 정보 접근성이 정치 영향력을 좌우한다.

핵심 정리

민주주의는 자유와 참여의 기회를 제공하지만, 그것만으로 정의가 실현되지는 않는다. 롤스는 정의로운 사회란 가장 약한 사람을 배려하는 체제에서 가능하다고 보았다. 따라서 민주주의가 정의를 보장하려면 사회적 불평등과 교육·복지 격차, 소수자 차별을 해소하는 구조가 필요하다.

20

법에 대한 불복종은
항상 정당하지 않은가?

헨리 데이비드 소로

법은 반드시 지켜야만 할까, 아니면 때로는 어겨야 할 때도 있는가? 헨리 데이비드 소로는 "불의한 법에 복종하는 것은 도덕적 책임을 저버리는 것"이라고 말했다. 그는 시민에게는 단순히 법을 따르는 것 이상의 도덕적 책임이 있다고 보았다. 실제로 많은 사회 변화―흑인 인권 운동, 여성 참정권 운동―은 법에 대한 불복종에서 시작되었다. 물론 법을 어기는 행위는 사회 질서를 위협할 수 있지만, 법이 정의롭지 않을 때 침묵하는 것도 또 다른 불의일 수 있다. 중요한 것은, 불복종이 개인의 이익을 위한 것이 아니라 공동의 정의를 위한 양심의 행동이어야 한다는 점이다. 따라서 법에 대한 불복종은 무조건적인 위법이 아니라, 깊은 성찰과 책임감을 바탕으로 한 정당한 저항이 될 수 있다.

오늘의 철학자

헨리 데이비드 소로(Henry David Thoreau, 1817–1862)

소로는 누구인가?

소로는 미국의 철학자이자 작가, 자연주의자이며, 불의한 법에 대한 평화로운 저항을 주장한 인물이다.

1846년, 멕시코 전쟁을 반대하며 세금을 내지 않아 감옥에 간 경험을 바탕으로 「시민 불복종」이라는 글을 썼고, 이는 간디와 마틴 루터 킹 목사에게 큰 영향을 주었다.

그는 양심이 법보다 우선해야 한다고 주장했다. 법이 정의롭지 않다면, 도덕적 양심에 따라 불복종하는 것이 옳다고 본 것이다.

소로의 주요 명언

1. "법이 타인에게 불의하게 행동하게 만든다면, 나는 그 법을 어기겠다."

   부당한 법을 따르는 것은 도덕적으로 잘못된 일이라는 뜻이다.

2. "법을 가장 잘 따르는 시민이 때로는 가장 큰 불의를 저지를 수

있다."

법을 무조건 따르다 보면 양심 없는 행위의 도구가 될 수 있다는
말이다.

3. **"나는 언제나 내가 옳다고 믿는 것을 행할 의무만이 있다고 생각
한다."**

개인의 양심이 법보다 더 중요할 수 있다는 주장이다.

한 걸음 더

로자 파크스 사건(흑인 로자 파크스가 백인 전용 좌석에 앉았다가 체포됨. 미
국, 1955년)처럼 법을 어겼지만 정의를 실현하려는 행동이 있다. 기후
위기 시위자들의 도로 점거처럼 목적은 정당하나 수단이 불법인 경
우도 있다. 약값을 감당 못 해 약을 훔친 경우처럼 법 위반이 생존
을 위한 선택일 때, 그 정당성은 더욱 복잡해진다.

토론 질문

1. 법이 부당하다고 느껴진 적이 있었는가?

2. 법을 어기면서까지 싸워야 할 정의는 무엇이라고 생각하는가?

3. 비폭력적인 시민 불복종은 사회에 어떤 영향을 줄 수 있는가?

4. 모든 법은 지켜야만 하는가? 아니면 변화시킬 수 있는 대상인가?

법이 부당하다고 느껴진 적이 있었는가?

　법은 우리가 함께 살아가기 위한 약속이자, 질서를 유지하기 위한 기준이다. 대부분의 사람들은 법이 공정하고 모두를 위한 것이라 믿으며 살아간다. 나 역시 오랫동안 그렇게 믿어왔다. 그러나 어느 날, 법이 언제나 정의롭고 공정한 것만은 아니라는 사실을 체감하게 되었고, 그때부터 '법'이라는 단어를 다소 다르게 보기 시작하였다.

　몇 해 전, 나는 한 친구와 함께 지역 공원에서 '플라스틱 사용 줄이기'를 주제로 한 캠페인을 기획하였다. 시민들에게 다회용 컵 사용을 권장하고자 안내문과 스티커를 자발적으로 나눠주는 활동이었다. 모든 자료는 우리가 직접 제작하였고, 어떤 금전적 대가도 받지 않았다. 우리의 활동이 공공의 이익에 부합한다고 믿었고, 주변 사람들 또한 이를 응원해주었다.

　그러나 캠페인을 시작한 지 얼마 지나지 않아, 공원 관리소 관계자가 다가와 무단 홍보 활동이라며 제지를 하였다. 그곳이 공공장소이므로 사전 허가 없이는 어떤 활동도 허용되지 않는다는 설명이었다. 우리는 조용히 철수해 달라는 요청을 받고, 준비해온 자료들을 들고 자리를 떠날 수밖에 없었다. 처음에는 당황스러움과 아쉬움이 컸지만, 시간이 흐를수록 억울함이 점차 밀려왔다.

우리의 활동은 누구에게도 피해를 준 것이 아니었고, 이익을 취한 일도 없었다. 오히려 시민을 위한 공익 목적의 행동이었음에도 불구하고, 단지 '절차'가 지켜지지 않았다는 이유로 중단되어야 했다는 점이 납득되지 않았다. 물론 규칙이 존재해야 한다는 점은 이해하지만, 융통성 없이 일률적으로 적용되는 법이 과연 모두에게 정의로운가에 대한 의문이 생겼다.

그날 이후, 나는 법이라는 것이 단순히 옳고 그름을 판단하는 도구가 아니라, 때로는 '누구를 위한 법인가'를 성찰하게 만드는 기준이 될 수도 있음을 깨달았다. 아무리 좋은 의도라도 허가 없이는 실행이 불가능하고, 아무리 정당한 외침이라도 규칙에 어긋난다면 외면되는 현실. 법이 사람을 위한 것이 아니라, 사람이 법에 맞춰 살아야만 하는 현실이 안타깝게 다가왔다.

장 자크 루소는 "인간은 자유롭게 태어났지만, 어디에서나 사슬에 묶여 있다"고 말하였다. 나는 이 말을, 인간이 법이라는 틀 안에서 살아간다는 은유로 받아들인다. 법은 때로 우리를 보호하지만, 동시에 우리를 제약하는 수단이 되기도 한다. 특히 소수자의 목소리나 새로운 시도는 법 앞에서 쉽게 배제되거나 무시되기 쉽다. 그렇다면 우리는 법이 부당하게 느껴질 때, 어떤 태도를 가져야 할까?

나는 그 해답을 '침묵하지 않는 것'에서 찾고자 한다. 단순히 불평하거나 반항하는 것이 아니라, 그 법이 왜 존재하는지, 누구에게 불리하게 작용하는지를 묻고, 더 나은 방향을 제시하는 일이야말로 변화의 시작이라고 믿는다.

내가 겪은 일은 작고 사소한 사건일지 모른다. 그러나 그 경험은 내 안에 중요한 관점의 전환을 가져왔다. '법을 지키는 것'과 '정의로운 사회를 만드는 것'이 반드시 같은 의미는 아니라는 사실, 그리고 법이 현실을 따라가지 못할 때 오히려 변화 자체를 가로막는 벽이 될 수도 있다는 사실을 깨닫게 되었다. 따라서 우리는 법이 어떻게 만들어지고, 누구를 중심으로 적용되는지를 비판적으로 바라보아야 한다.

앞으로 나는 법을 무조건 따르기보다는, 그 법이 진정 누구를 위한 것인지 숙고하고, 부당하다고 느껴지는 경우에는 그것에 대해 목소리를 낼 수 있는 용기를 지닌 사람이 되고자 한다. 그리고 언젠가, 내가 겪은 이 작은 불편함이 다른 누군가에게는 덜 느껴질 수 있도록, 더 열려 있고 정의로운 사회를 만들어가는 데 작게나마 기여하고 싶다.

찬성: 불복종은 때로 정당하다

법이 부도덕하거나 차별적일 때, 불복종은 양심과 정의를 실천하는 행위가 될 수 있다.

여성 참정권 운동, 인종 차별 철폐 운동 등 역사 속의 중요한 사회 변화는 모두 시민들의 불복종에서 시작되었다.

비폭력적 저항과 시민 불복종은 잘못된 제도를 바로잡고, 더 정의로운 사회로 나아가는 계기가 된다.

반대: 불복종은 사회 질서를 해친다

법은 공동체의 질서와 안전을 지키는 최소한의 약속이다.

만약 개인이 각자의 기준으로 법을 무시한다면, 사회는 혼란과 갈등에 빠질 수 있다.

법이 잘못되었다고 느껴질 때는 합법적 절차와 제도적 방법을 통해 개선해야 한다. 그것이 민주주의의 기본 원칙이다.

소로는 "불의한 법에 복종하는 것은 불의에 가담하는 것"이라고 보았다. 그는 양심에 따라, 비폭력적이고 평화로운 방식으로 저항할 것을 주장했다. 법을 어긴다는 것은 단순한 반항이 아니라, 더 높은 정의를 추구하는 행동일 수 있다.

7

인간과
자아

21

우리는 우리 자신을 알 수 있는가?

소크라테스

"너 자신을 알라"는 소크라테스의 말처럼, 자기 자신을 아는 일은 철학의 가장 오래된 질문 중 하나이다. 하지만 우리는 정말로 우리 자신을 알고 있을까? 감정은 흔들리고, 생각은 자주 바뀌며, 우리는 때때로 스스로를 속이기도 한다. 정체성은 고정된 것이 아니라, 타인의 시선, 사회적 경험, 도덕적 판단 등 다양한 요소에 의해 영향을 받는다. 나 자신을 안다는 것은 완성된 답을 갖는 것이 아니라, 끊임없이 질문하고 성찰하는 과정이다. 내가 변하더라도 여전히 '나'라고 할 수 있을까? 이런 질문들을 통해 우리는 조금씩 더 깊이 자신에게 다가간다. 결국, 자기 이해는 확실한 정의보다도, 자신을 돌아보고 삶의 방향을 찾으려는 노력 속에서 형성되는 것이다.

오늘의 철학자
소크라테스(Socrate, 기원전 470~399)

소크라테스는 누구인가?

소크라테스는 기원전 5세기 아테네에서 활동한 고대 그리스 철학자다. 그는 제자들의 기록을 통해 알려져 있으며, 스스로 저술을 남기지 않았다. 철학을 일상과 분리된 학문이 아니라, 인간이 어떻게 살아야 하는지에 대한 끊임없는 탐구로 보았다.

소크라테스의 대화법은 상대방과 질문과 답을 주고받으며 생각의 모순을 드러내고, 스스로 진리에 접근하게 만드는 방식이었다. 그는 자신의 무지를 자각하는 것이 참된 지혜라고 여겼다.

정치와 사회에 대해서도 비판적이었으며, 특히 덕과 정의를 삶의 중심 가치로 강조했다. 기원전 399년, 아테네에서 젊은이들을 타락시켰다는 혐의와 국가가 믿는 신을 부정했다는 이유로 재판을 받았고, 독배를 마시는 사형을 당했다. 그의 죽음은 이후 서양 철학사에서 양심과 사상의 자유를 상징하는 사건으로 기억된다.

소크라테스의 주요 명언

1. **"너 자신을 알라."**

   델포이 신전 입구에 적힌 말이며, 소크라테스가 가장 중요하게 여긴 철학의 시작점이다.

2. **"내가 아는 것은 아무것도 모른다는 것이다."**

   참된 지혜는 자신의 무지를 인정하는 것에서 비롯된다는 뜻이다.

3. **"성찰하지 않는 삶은 살 가치가 없다."**

   자신을 돌아보지 않고 무비판적으로 사는 것은 의미 없는 삶이라는 경고이다.

한 걸음 더

어느 날 내가 좋아한다고 생각했던 것이 더는 즐겁지 않게 느껴질 때가 있다. 그것은 처음부터 잘 몰랐던 것일까, 아니면 내가 변한 것일까? 친구가 "넌 항상 남을 먼저 배려하더라"고 말할 때, 타인의 시선이 나를 이해하는 데 어떤 도움을 줄 수 있을지 생각하게 된다. 때로는 이유를 알 수 없는 불안이나 분노가 마음속에 자리 잡기도 하는데, 우리는 과연 항상 자신의 감정을 온전히 이해할 수 있을까?

1. 나는 나 자신을 잘 안다고 생각하는가?

2. 나보다 나를 더 잘 아는 사람이 있을 수 있을까?

3. 나는 나 자신을 바꿨다고 느낀 적이 있는가?

4. 나 자신을 아는 것이 왜 어렵다고 느껴지는가?

5. 자기 성찰은 자유로운 삶과 어떤 관계가 있을까?

1번 길잡이 글

나는 나 자신을 잘 안다고 생각하는가?

나는 내가 누구인지 잘 알고 있다고 말할 수 있을까? 나는 어떤 성격을 가지고 있고, 무엇을 좋아하며, 어떤 상황에서 슬퍼지고 기뻐지는지 대부분 알고 있다고 생각한다. 하지만 어느 날 문득, 어떤 일에 과하게 화를 내거나, 예상치 못한 선택을 할 때면 '내가 왜 이렇게 행동했을까?'라는 질문이 떠오른다. 그럴 때마다 나는 내가 나 자신을 정말 알고 있는 건지 다시 생각하게 된다.

어릴 땐 내가 좋아하는 것과 싫어하는 것이 분명했다. 초코 아이스크림을 좋아했고, 사람 많은 곳은 싫어했다. 하지만 나이가 들수록 '좋아함'과 '싫어함'이라는 감정도 복잡해졌다. 어떤 날은 친구들과 어울리는 게 즐겁고, 어떤 날은 혼자 있고 싶어진다. 나는 아직도 그런 나의 마음을 정확히 설명할 수 없다. 어쩌면 우리는 계속 변해가는 존재이고, 그렇기 때문에 나 자신을 '완벽히 안다'고 말하는 것은 어려운 일인지도 모른다.

심리학자 칼 융은 "무의식은 의식보다 더 넓은 영역에 영향을 미친다"고 했다. 즉, 우리가 의식하지 못한 감정이나 기억들이 나의 행동과 판단에 영향을 준다는 것이다. 내가 어떤 상황에서 갑자기 위축되거나, 반대로 이상할 정도로 자신감이 생길 때, 그 이유는 겉으로 드러난 내 의식보다 더 깊은 마음속에 숨어 있을지도 모른다. 그러니 어쩌면 우리는 자신을 '알고 있다'고 느끼지만, 실제로는 자신에 대해 '알고 싶은 것만' 알고 있는 건 아닐까?

또한, 주변 사람들의 시선과 기대는 나 자신을 판단하는 데 큰 영향을 준다. 예를 들어, 나는 조용하고 차분한 사람이라는 말을 자주 듣는다. 그래서 나도 그런 사람이라고 생각해왔다. 하지만 어떤 상황에서는 나도 떠들고 장난치는 걸 좋아한다. 그럴 때면 내가 보여주는 모습과 나의 진짜 모습 중 무엇이 진짜인지 헷갈린다. 다른 사람들의 기대에 맞

취 살아가다 보면, 내가 진짜 누구인지 잊어버릴 때도 있다.

그렇다면 나는 나 자신을 어떻게 더 잘 알 수 있을까? 나는 그 해답이 '경험'과 '성찰'에 있다고 생각한다. 낯선 환경에 가보거나 새로운 사람을 만나보면, 내가 예상하지 못한 감정이나 반응을 경험하게 된다. 그런 순간이 바로 나를 더 깊이 들여다볼 수 있는 기회다. 또한, 일기나 글쓰기를 통해 내 감정과 생각을 정리해보는 것도 자신을 이해하는 데 큰 도움이 된다. 글로 표현하는 과정에서 '내가 왜 그랬는지', '무엇이 나를 힘들게 했는지'를 더 명확히 알 수 있다.

결국, 나는 나 자신을 완벽히 알지는 못하지만, 알아가고 있는 중이라고 말하고 싶다. 매일의 경험과 선택 속에서 나는 조금씩 나를 더 이해하고, 때로는 모순된 나의 모습도 받아들이려 노력한다. 나를 안다는 것은 단순한 정의가 아니라, 끊임없는 질문과 탐색의 과정인 것 같다.

어쩌면 나 자신을 안다고 말할 수 있는 순간은, 내가 나를 고정된 존재로 보는 것이 아니라, 끊임없이 변화하고 성장하는 존재로 인정할 때일지도 모른다. 나는 나 자신을 아직 다 알지 못하지만, 나를 이해하고 싶어 하는 마음이 있다. 그 마음이야말로 나를 더 잘 알게 해주는 첫걸음이라고 믿는다.

찬성: 우리는 우리 자신을 알 수 있다

우리는 늘 자신의 생각, 감정, 선택의 과정을 직접 경험하며 살아간다. 글쓰기, 상담, 타인과의 대화는 내면을 들여다보고 성찰할 수 있는 유익한 도구가 된다. 이러한 자기 인식을 통해 더 나은 판단을 내리고, 삶의 방향을 스스로 설정할 수 있게 된다.

반대: 우리는 완전히 자신을 알 수 없다

사람은 때때로 자신의 감정을 감추거나 무의식적으로 왜곡하기도 한다. 욕망이나 성격, 기억은 고정된 것이 아니라 변하고 복잡해서 스스로도 예측하기 어려운 경우가 많다. 인간은 시간과 경험에 따라 끊임없이 변화하기 때문에, '완전한 자기 인식'은 근본적으로 불가능할 수 있다.

소크라테스는 기원전 5세기 아테네의 철학자로, 삶을 어떻게 살아야 하는가를 탐구했다. 그는 대화를 통해 무지를 깨닫고 진리에 이르는 것을 강조하며 "너 자신을 알라"는 말을 남겼다. 덕과 정의를 중시했으나 신을 부정하고 젊은이를 타락시켰다는 이유로 사형당했으며, 그의 죽음은

양심과 사상의 자유를 상징한다. 인간은 성찰로 자신을 알

수 있지만 끊임없이 변하기에 완전한 자기 인식은 어렵다.

22

무의식은 모든 인식의 범위를 벗어나는가?

지그문트 프로이트

"나는 내 집의 주인이 아니다." 프로이트는 이 말로 인간이 자기 자신을 완전히 이해할 수 없음을 강조했다. 무의식은 우리가 의식적으로 인식하지 못하는 생각, 감정, 욕망의 세계이다. 겉으로 드러나지 않지만, 꿈이나 말실수, 반복되는 행동 같은 방식으로 나타나며 우리의 판단과 행동에 영향을 준다. 우리는 종종 자신의 감정을 숨기거나, 왜 그런 선택을 했는지 설명하지 못할 때가 있다. 이때 무의식을 의심해볼 수 있다. 그러나 무의식은 그 자체로는 볼 수 없고, 오직 간접적으로만 추측 가능하다. 결국, 무의식은 완전히 인식할 수는 없지만, 그 존재를 이해하려는 시도는 자기 인식의 깊이를 더하고, 더 성숙한 삶을 살아가게 하는 중요한 열쇠가 된다.

오늘의 철학자
지그문트 프로이트(Sigmund Freud, 1856-1939)

프로이트는 누구인가?

프로이트는 정신 분석(psychanalyse) 이론의 창시자로, 인간의 심리는 의식보다 훨씬 넓은 무의식이 지배한다고 보았다. 그에 따르면 무의식은 억눌린 기억, 충동, 욕망이 담겨 있는 보이지 않는 정신의 영역이다. 무의식은 꿈, 말실수, 행동, 심리적 증상을 통해 우리에게 드러난다.

프로이트의 명언

1. "자아는 자신의 집의 주인이 아니다."

   우리는 스스로 모든 걸 통제한다고 믿지만, 사실은 무의식의 영향을 받는다.

2. "이드*가 있는 곳에 자아가 있게 하라."

   무의식을 의식화함으로써 자율적 인간으로 성장할 수 있다는 뜻이다.

3. "무의식이란 억압된 것이다."

무의식은 단순히 모르고 있는 것이 아니라, 알고 싶지 않아 무의
식적으로 밀어낸 것이다.

한 걸음 더

반복해서 같은 꿈을 꾸지만, 그 이유를 알 수 없을 때가 있다. 그것
은 무의식이 무언가를 전달하려는 것일까? 선생님을 실수로 '엄마'
라고 부른 적이 있는데, 이는 단순한 말실수일까, 아니면 무의식이
드러난 순간일까? 어떤 사람은 이유 없이 강아지를 두려워하기도
하는데, 혹시 과거의 억압된 기억이 작용하고 있는 것은 아닐까?

토론 질문

1. 무의식을 인식하게 되면 삶이 달라질까?
2. 나는 내 행동의 모든 이유를 알고 있다고 생각하는가?
3. 나도 모르게 튀어나오는 말이나 감정은 무의식의 결과일 수 있
   을까?
4. 우리는 꿈이나 예술을 통해 무의식을 이해할 수 있을까?

---

* 프로이트가 말한 '이드(id)'는 인간 정신 구조를 이루는 세 가지 요소 중 하
나로, 본능적 욕구와 충동이 자리하는 부분이다. 그는 인간의 정신을 이드, 자
아(ego), 초자아(superego)로 나누어 설명했는데, 이드는 그중 가장 원초적이
고 무의식적인 층위다.

5. 무의식은 완전히 알 수 없는 영역일까?

무의식을 인식하게 되면 삶이 달라질까?

나는 내가 왜 어떤 행동을 했는지, 왜 그런 말을 했는지 곰곰이 생각해본 적이 있다. 때로는 분명히 웃고 있었지만 마음 한구석은 허전했고, 화를 낼 이유가 없는데도 짜증이 났던 적도 있다. 이런 순간들 속에서 나는 나 자신의 감정이 꼭 내 뜻대로 움직이지 않는다는 걸 느꼈다. 그때 처음으로 '혹시 무의식이라는 게 나를 조종하고 있는 건 아닐까?'라는 생각을 하게 되었다.

무의식이라는 말은 어렵게 들릴 수도 있다. 하지만 간단히 말하면, 우리가 의식하지 못한 채 마음속에 쌓여 있는 생각이나 감정, 기억들을 말한다. 정신 분석학자 지그문트 프로이트는 인간의 행동과 감정의 많은 부분이 무의식에서 비롯된다고 주장했다. 그는 얼음산의 일부분만 수면 위로 나와 있고 대부분은 물속에 잠겨 있는 모습으로 인간의 마음을 설명했다. 우리가 인식하는 생각은 단지 '의식'의 일부일 뿐, 그 아래에는 훨씬 넓고 깊은 무의식이 존재한다는 것이다.

그렇다면, 우리가 무의식을 인식하게 되면 어떤 변화가 일어날까? 나는 무의식을 들여다보는 것이 우리 삶에 매우 중요한 전환점이 될 수 있다고 생각한다. 왜냐하면 우리가 스스로를 이해하는 방식, 타인을 대하는 태도, 선택을 내리는 기준 등이 사실은 무의식에 크게 영향을 받고 있기 때문이다.

예를 들어, 나는 발표를 할 때마다 항상 긴장을 많이 한다. 단순히 사람들 앞에서 말하는 게 어려워서라고 생각했지만, 깊이 생각해보면 '틀리면 안 된다'는 두려움, '실수하면 사람들이 날 무시할지도 모른다'는 불안이 내 안에 자리 잡고 있다는 걸 알게 되었다. 이 두려움은 어릴 적 친구들 앞에서 실수하고 놀림을 받았던 기억과 연결되어 있었고, 그 경험은 내 무의식 속에서 지금까지 영향을 미치고 있었다.

그 사실을 깨닫고 난 후, 나는 나 자신을 조금 더 이해하게 되었고, 이전보다 발표를 준비하는 과정에서 나를 덜 몰아붙이게 되었다. 물론 무조건 편해진 것은 아니지만, 적어도 내 두려움의 '뿌리'를 알게 되었다는 사실은 나에게 큰 위로가 되었다. 이처럼 무의식을 인식한다는 것은 단순히 과거를 떠올리는 것이 아니라, 현재의 나를 이해하고 미래의 나를 변화시킬 수 있는 첫걸음이 된다.

또한 무의식을 인식하면 타인을 이해하는 데도 큰 도움이 된다. 친구가 갑자기 예민하게 반응하거나 이유 없이 거리를 둘 때, 예전에는 단순히 기분 나쁘다고만 생각했다. 하지만 지금은 그 친구에게도 나처럼 말 못할 무의식의 상처나 불안이 있을 수 있다고 생각하게 된다. 이런 태도는 나와 친구 사이의 관계를 더 깊고 따뜻하게 만들어준다.

물론 무의식을 인식하는 과정은 쉽지 않다. 때로는 외면하고 싶었던 기억이나 감정을 마주해야 하기 때문이다. 하지만 진짜 나를 알고 싶다면, 그 어두운 부분까지도 인정하고 이해하려는 용기가 필요하다. 나는 지금도 매일 나 자신을 더 잘 이해하려고 노력하고 있다. 감정 일기를 쓰거나, 혼자 산책하며 생각을 정리하거나, 친구와 깊은 대화를 나누는 것도 무의식을 마주하는 방법이 될 수 있다.

결국 무의식을 인식한다는 것은 내가 왜 그런 감정을 느끼는지, 왜 그런 행동을 반복하는지를 깨닫는 일이다. 그것이 반복되면, 우리는 점점 더 자신을 자유롭게 만들 수 있다. 억눌린 감정에서 벗어나고, 더 나은 선택을 할 수 있는 힘도 생긴다. 무의식을 의식화하는 일은 우리가 더 진실한 삶을 살아가는 데 큰 도움이 될 것이다.

그래서 나는 이제 이렇게 말할 수 있다. 무의식을 인식하게 되면, 분명히 우리의 삶은 달라진다. 그 변화는 아주 작고 느릴 수 있지만, 우리의 내면과 관계, 선택의 방향까지도 서서히 바꿔놓는다. 그리고 나는 그 변화를 조금씩 경험하며, 진짜 나를 찾아가는 중이다.

찬반 토론

찬성: 무의식은 부분적으로 인식할 수 있다

꿈 해석, 글쓰기, 심리 상담 등을 통해 무의식의 흔적을 탐색할 수 있다. 무의식은 우리의 행동, 감정, 말실수 등에 자연스럽게 드러나기도 한다. 정신 분석이나 자기 성찰을 통해 간접적인 접근이 가능하다고 본다.

반대: 무의식은 본질적으로 인식할 수 없다

무의식은 의식이 받아들이지 못해 억압한 것이기 때문에, 스스로 드러나는 것을 피한다. 드러난 일부 흔적만으로 전체를 파악할 수 없고, 해석에는 주관과 오류가 개입될 수 있다. 따라서 무의식을 완전히 인식하는 것은 불가능하다는 입장이 있다.

프로이트는 인간 정신에서 무의식이 의식보다 더 크고 깊으며, 우리의 행동과 감정을 크게 좌우한다고 보았다. 무의식은 직접 알 수 없지만 꿈, 말실수, 반복된 행동 등에서 드러난다. 그는 무의식을 일부 이해할 수는 있어도 완전히 알 수는 없다고 주장했다.

23

기억은 개인의 정체성을 형성하는가?

데이비드 흄

"나는 나의 기억이다."라는 말이 항상 진실일까? 경험론 철학자 데이비드 흄은 이 주장에 대해 회의적인 시각을 가졌다. 그는 우리가 마음속에서 '변하지 않는 나'를 찾으려 할 때, 언제나 바뀌는 생각, 감정, 감각밖에 발견할 수 없다고 보았다. 즉, 자아란 고정된 실체가 아니라 계속 흘러가는 인상들의 흐름일 뿐이다. 우리가 기억을 통해 '나'를 구성한다고 생각할 수는 있지만, 기억조차도 현재의 감정과 해석에 따라 바뀌며 완전한 연속성을 제공하지 못한다. 정체성은 끊임없이 형성되고 다시 쓰이는 이야기와 같다. 흄에 따르면, 우리는 스스로에 대한 하나의 환상 혹은 습관을 '자아'라고 부르는 것일 수 있다. 정체성은 기억에서 비롯되기도 하지만, 기억만으로 설명되기엔 너무 복잡하고 유동적인 개념이다.

오늘의 철학자

데이비드 흄(David Hume, 1711–1776)

흄은 누구인가?

데이비드 흄은 영국의 철학자로, '자아'라는 것이 특별한 실체로 존재하는 게 아니라고 말했다. 그는 우리의 마음을 연극 무대에 비유했다. 무대 위에 여러 생각과 감정이 번갈아 나타났다가 사라지듯, 우리 마음속에서도 경험과 감정이 계속 바뀐다는 것이다. 흄은 우리가 과거와 현재의 경험을 기억으로 이어 붙여서 '나는 같은 사람'이라고 느끼지만, 사실 변하지 않는 자아가 있는 건 아니라고 보았다.

흄의 명언

1. "나는 나라는 존재를 바라보면 언제나 어떤 특별한 인상만을 발견할 뿐, 자아라는 고정된 실체는 결코 찾을 수 없다."

   자아란 고정된 존재가 아니라 다양한 경험의 흐름이다.

2. "정체성은 논리적 사실이 아니라, 인간의 습관과 상상력의 산물

이다."

우리는 익숙한 기억과 경험을 통해 정체성을 구성한다고 믿는다.

3. "마음이란 연극 무대와 같다. 다양한 인상이 차례로 나타나며, 그 무대 위에 머무는 어떤 것도 없다."

정체성은 하나의 고정된 본질이 아니라, 계속해서 변화하는 장면들의 연속이다.

한 걸음 더

기억을 전부 잃어버린 사람은 여전히 같은 사람일까? 옛날 사진 속 사람이 지금의 나와 같은 사람이라고 할 수 있을까? 사실이 아닌 기억을 오래 믿고 살아간다면, 그 사람을 어떻게 봐야 할까? 힘든 기억을 일부러 지운다면, 그 사람은 달라지는 걸까?

토론 질문

1. 내가 모르는 과거의 사건들이 나를 바꿨을 수도 있을까?

2. 나의 기억이 사라진다면 나는 여전히 '나'일까?

3. 내가 나를 설명할 때 떠올리는 기억들은 어떤 의미를 가지는가?

4. 기억은 나를 묶어두는가, 아니면 나를 만들어주는가?

5. 기억이 왜곡되면 나의 정체성도 변할까?

내가 모르는 과거의 사건들이 나를 바꿨을 수도 있을까?

나는 가끔 지금의 나를 돌아보며, "나는 왜 이런 성격일까?", "왜 이런 상황에서 유독 불안해질까?" 하는 의문을 갖곤 한다. 이유를 찾으려고 노력하지만, 딱 떨어지는 설명은 없다. 그리고 그럴 때마다 문득 드는 생각이 있다. 혹시 내가 기억하지 못하는 과거의 사건들이 지금의 나를 만들었을까? 그런 일들이 분명히 있었을지도 모른다.

사람은 모든 것을 기억하지 못한다. 특히 어린 시절의 경험들은 대부분 흐릿하거나 아예 기억조차 나지 않는다. 심지어 중요한 순간조차도 시간이 지나면 왜 그런 일이 있었는지, 어떤 감정을 느꼈는지조차 잊어버리게 된다. 그런데 심리학자들은 말한다. 기억하지 못하는 경험도 우리의 감정과 행동, 사고방식에 영향을 줄 수 있다고. 나 역시 그것을 부정할 수 없다.

예를 들어, 나는 누군가의 표정이 약간만 어두워도 '내가 뭔가 잘못했나?' 하고 지나치게 걱정한다. 처음에는 그저 내가 예민한 성격이라고만 생각했다. 그런데 어느 날 어릴

적 앨범을 보다가, 한 장의 사진이 눈에 들어왔다. 나는 울고 있었고, 부모님은 서로를 외면한 채 앉아 있었다. 그 사진은 내게 설명할 수 없는 감정을 일으켰다. 기억은 나지 않지만, 그때의 공기와 분위기, 감정은 내 안 어딘가에 남아 있었던 것 같다. 그런 순간들이 쌓여 지금의 내가 된 건 아닐까?

물론 모든 것이 과거 탓이라고 말하는 건 위험하다. 책임을 회피하거나, 현재의 나를 고정된 존재로 만들 수도 있기 때문이다. 하지만 과거의 경험이 무의식적으로 지금의 나를 형성했을 수 있다는 가능성을 받아들이는 것, 그것은 나를 더 깊이 이해하기 위한 출발점이 될 수 있다고 생각한다.

철학자 장 폴 사르트르는 인간은 스스로 선택하며 자신을 만들어가는 자유로운 존재라고 말했다. 그는 과거에 얽매이지 말고, 현재의 선택을 통해 끊임없이 자신을 새롭게 만들어가야 한다고 강조했다. 나도 이 말에 공감한다. 그러나 동시에, 과거를 돌아보고 이해하는 노력 또한 우리가 더 자유롭게 현재를 선택할 수 있도록 돕는 중요한 과정이라고 생각한다.

우리는 종종 과거를 잊으라고 말하지만, 가끔은 잊고 지낸 과거가 지금의 나에게 영향을 주는 것 같다. 누군가의 말한마디에 과하게 상처받거나, 어떤 상황에서 설명할 수 없는 두려움을 느낄 때, 그 원인은 지금이 아닌 과거에 있을지도 모른다. 그 과거가 꼭 극적인 사건일 필요는 없다. 어릴 때 들었던 한마디, 어떤 날의 외로움, 조용한 무시 같은 작고 사소한 일들일 수도 있다. 하지만 그런 것들이 오히려 더 깊게 스며들어 지금의 나를 만들었을 수 있다.

나는 아직도 나 자신을 완전히 알지 못한다. 하지만 조금씩 더 알아가고 싶다. 그러기 위해선 내가 기억하는 것뿐 아니라, 기억하지 못하는 과거에도 귀 기울여야 한다고 생각한다. 그건 단순히 과거에 머무는 것이 아니라, 나를 더 깊이 이해하고, 더 나은 나로 나아가기 위한 과정이다.

결국, 우리가 어떤 사람이 되었는지는 단지 지금의 선택만으로 설명되지 않는다. 우리가 겪었고, 잊었고, 때로는 무시했던 그 모든 과거의 순간들이 지금의 나를 만든다. 그렇다면 내가 모르는 과거의 사건들이 나를 바꿨을 수도 있다는 질문에, 나는 이렇게 답하고 싶다.

"그래, 그럴 수 있어. 그래서 나는 그 과거를 더 알고 싶고, 지금의 나를 더 이해하고 싶어."

찬성: 기억이 정체성을 형성한다

기억은 나의 과거, 현재, 미래를 이어주는 고리이다. 기억 속의 경험들은 나의 생각, 성격, 가치관에 영향을 준다. 또한, 죄나 책임이 성립하는 것도 과거를 기억하기 때문이다.

반대: 정체성은 기억만으로 설명되지 않는다

사람은 변하면서도 여전히 정체성을 유지할 수 있다. 감정, 관계, 선택, 가치 등도 정체성을 이루는 중요한 요소다. 게다가 기억은 왜곡되거나 사라질 수 있는 불완전한 것이므로, 그것만으로 정체성을 규정할 수 없다.

핵심 정리

기억은 내가 나라고 느끼게 해주는 중요한 요소 중 하나다. 하지만 정체성은 기억만으로 결정되지 않는다. 지금 내가 어떤 선택을 하며 살아가는지도 중요하다. 결국 정체성은 내가 가진 기억과, 지금 내가 내리는 생각과 결정이 합쳐져 만들어진 것이다.

에필로그

"왜?"라고 묻는 용기

토론이 끝나고 교실의 공기가 조금씩 식어갈 무렵, 나는 아이들의 얼굴을 천천히 바라보았다. 오늘도 우리는 많은 이야기를 했다. 외워야 하는 공식보다, 정답보다, 훨씬 어렵고도 깊은 이야기들. 그리고 마지막으로 한 학생이 조심스럽게 물었다.

"선생님, 철학을 배운다고 해서 제 인생이 진짜 달라질까요?"

그 말에는 조금의 피곤함과 어쩌면 약간의 절망이 섞여 있었다. 나는 미소를 지으며 되물었다.

"그건 네가 생각하는 '배운다'가 어떤 건지에 따라 다르지 않을까?"

학생은 어깨를 으쓱했다.

"글쎄요. 시험에도 안 나오고, 세상 사는 데 당장 도움이 되는 것도 아닌데요."

그 순간 교실의 다른 아이들도 조용히 나를 바라봤다. 아마도 그들 마음속에도 비슷한 물음이 자리하고 있지 않을까? 나는 그들의 눈을 마주 보며 천천히 말했다.

"좋은 질문이야. 사실 철학은 바로 그 '왜?'에서 시작된단다. 이 책의 제목처럼 누군가는 외우라고 하지만, 철학자는 '왜?'라고 묻는 사람이야. 그 물음은 정답을 찾기 위한 게 아니라, 스스로 생각하고 선택하기 위한 시작이지."

잠시 침묵이 흘렀다. 그리고 나는 아이들에게 제안을 하나 했다.

"오늘은, 우리 각자의 고민에 대해 한 번 '왜?'라고 묻고 대답해 볼까? 누가 먼저 해볼래?"

가장 먼저 손을 든 건 조용하던 민서였다.

"요즘 친구들이랑 어울리기가 힘들어요. 말을 아끼면 소외된 것 같고, 말을 많이 하면 싫어하는 눈빛을 받아요. 인간관계는 왜 이렇게 어려운 걸까요?"

나는 잠시 생각하다가 물었다.

"민서야, 네가 생각하는 '좋은 관계'란 뭐니?"

"음… 서로 상처 주지 않는 거요."

"그럼 상처를 전혀 주지 않으려면 어떻게 해야 할까?"

"아예 말을 안 해야 할 것 같아요."

나는 고개를 끄덕이며 웃었다.

"그래, 그럴 수도 있겠지. 그런데 플라톤은 인간을 '불완전한 존재'라고 했단다. 우리는 서로 다르기 때문에 완벽한 이해는 불가능해. 하지만 바로 그 다름 때문에 우리는 더 깊이 생각하게 되고, 더 성장하게 되지. 상처를 주지 않는 관계보다 중요한 건, 상처를 주고받으면서도 서로를 이해하려는 노력 아닐까?"

민서는 작게 미소를 지었다. 나는 말을 이었다.

"민서야, 완벽한 관계는 없단다. 그 대신 진심을 담아 대화하는 순간들이 쌓이면, 그게 바로 철학이 말하는 '함께 살아가는 지혜'야."

조용하던 승우가 손을 들었다.

"선생님, 저는 솔직히 공부가 싫어요. 왜 해야 하는지도 모르겠어요. 시험 끝나면 다 잊어버리잖아요."

교실엔 웃음이 번졌다. 누구나 한 번쯤 품어봤을 생각이었다.

"좋은 질문이야, 승우야. 혹시 공부가 싫은 이유를 생각해본 적 있니?"

"그냥 재미없고, 힘들고, 귀찮아요."

"그럼 네가 진짜 재미있다고 느끼는 건 뭐야?"

"게임이요. 게임할 땐 시간 가는 줄 몰라요."

나는 미소 지었다.

"공부와 게임의 차이는 '보상'의 속도야. 게임은 금방 점수가 나오지만, 공부는 느리게 쌓이거든. 그래서 니체는 '배움이란 고통을 견디는 능력'이라고 했어. 하지만 중요한 건 고통 그 자체가 아니라, 왜 배워야 하는지 스스로 아는 거야."

승우는 고개를 갸웃했다.

"그럼 공부는 결국 자기 이해예요?"

"맞아. 공부는 단지 지식을 쌓는 게 아니라, 세상을 보고 네 자신을 이해하는 방식이지. '왜 공부해야 하지?'라고 묻는 순간, 너는 이미 철학자의 길에 들어선 거야."

승우는 웃으며 말했다.

"그럼 저도 철학자네요."

"그럼, 물론이지. 질문하는 사람은 다 철학자야."

이번에는 예림이 손을 들었다.

"근데 철학은 왜 배워요? 수학이나 영어처럼 쓸 데가 있나요?"

나는 칠판에 '철학'이라 쓰고 그 밑에 '왜'라고 적었다.

"철학은 '왜'를 배우는 학문이야. 우리가 너무 익숙해서 의심하지 않는 것들, 예를 들어 '공부를 잘하면 행복할까?', '법은 항상 옳을까?' 이런 질문들을 다시 묻는 게 철학이지."

나는 덧붙였다.

"칸트는 철학을 '스스로 생각하도록 돕는 학문'이라고 했단다. 즉, 철학은 정답을 주는 게 아니라, 스스로 사고하는 힘을 길러주는 거야. 그 힘이 있어야 네가 어떤 시대, 어떤 환경에서도 흔들리지 않고 스스로의 삶을 선택할 수 있어."

아이들의 얼굴에 조금씩 진지함이 스며들었다. 그때 지윤이 조용히 말했다.

"선생님, 저는 가끔 제가 왜 이렇게 행동하는지 모르겠어요. 어떤 날은 친구랑 웃다가도 갑자기 외로워지고, 어떤 날은 괜히 화가 나요."

나는 미소를 지었다.

"그건 너무 자연스러운 거야. 소크라테스도 '너 자신을 알라'고 했지만, 그건 완벽히 자신을 이해하라는 뜻이 아니라 끊임없이 탐구하라는 뜻이야."

"근데 나를 알아가는 게 왜 중요한데요?"

"자신을 모르면 남이 만들어 놓은 기준에 따라 살게 돼. 자신을 아는 건, 내가 무엇을 두려워하고 무엇을 사랑하는지 아는 거야. 그걸 알아야 네가 진짜로 원하는 선택을 할 수 있단다."

지윤은 고개를 끄덕였다.

"그럼 나를 아는 건 매일 새롭게 질문하는 거네요."

"맞아. 자신을 안다는 건 '완성'이 아니라 '과정'이지."

한동안 조용하던 준호가 손을 들었다.

"저는 자유롭게 살고 싶어요. 근데 어른들은 맨날 하지 말라 하고, 학교에서도 규칙이 너무 많아요. 그럼 자유는 뭐예요?"

나는 루소를 떠올리며 말했다.

"루소는 '진정한 자유는 스스로 만든 법에 따라 사는 것'이라고 했어. 자유는 마음대로 하는 게 아니라, 스스로 선택하고 책임지는 능력이야. 책임이 없는 자유는 그냥 욕망이지. 진짜 자유는 타인의 자유를 함께 존중하는 데서 시작돼."

준호는 잠시 생각하더니 말했다.

"그럼 진짜 자유는 나를 아는 것부터 시작이네요."

"맞아. 네가 어떤 사람인지 아는 게 자유의 출발점이지."

은빈이 조용히 손을 들었다.

"근데 세상은 너무 불공평해요. 노력해도 안 되는 일도 많고, 그럼 정의는 무슨 소용이 있나요?"

나는 잠시 생각한 뒤 말했다.

"아리스토텔레스는 '정의란 각자에게 마땅한 몫을 주는 것'이라고 했어. 하지만 문제는 우리가 '마땅한 몫'을 다르게 느낀다는 거야. 그래서 철학은 그 기준을 함께 고민하는 일이야. 세상은 완벽하지 않지만, 불의에 침묵하지 않으려는 노력 속에서 우리는 조금씩 더 나은 세상으로 나아가."

"그럼 작은 행동에도 의미가 있나요?"

"물론이지. 소로는 불의한 법에 저항하기 위해 세금을 내지 않고 감옥에 갔단다. 그의 용기가 간디와 마틴 루터 킹에게 영향을 줬지. 한 사람의 양심은 세상을 바꾸는 씨앗이 될 수 있어."

민지가 손을 들었다.

"선생님, 철학은 결국 행복해지기 위해 배우는 건가요?"

나는 미소 지었다.

"아리스토텔레스는 인간의 목표를 '에우다이모니아', 즉 행복이라고 했단다. 그 행복은 단순한 즐거움이 아니라, 이성과 덕을 실천하며 사는 상태야. 철학은 그 행복으로 가는 지도를 그리게 도와주는 거지. 하지만 철학은 '행복이 무엇이다'라고 말해주지 않아. '무엇이 너에게 행복인지'를 스스로 묻게 만들어."

민지는 조용히 고개를 끄덕였다. 나는 마지막으로 말했다.

"얘들아, 오늘 우리가 한 이야기는 정답을 찾기 위한 게 아니야. 그냥 우리 마음속의 '왜?'라는 질문을 꺼내본 거야. 왜 친구 관계가 힘든지, 왜 공부가 싫은지, 왜 세상이 불공평한지, 그 모든 '왜'는 우리 삶의 본질에 닿아 있어. 철학은 바로 그 '왜'를 멈추지 않는 용기야."

'외우라고 했지만 왜라고 했다.'

그 말은 이제 단순한 제목이 아니라, 우리가 함께 배운 삶의 태도가 되어 있었다.